Inhalt

6	Vorgeschichte
14	Haus Möller, die Erste
14	Neues Bauen?
16	Anatomie einer Ablehnung
20	Die Besetzung der Landschaft
22	Haus Möller, die Zweite
24	Vom Satteldach zum Über-Dach
30	Öffentliche Straße – privater Garten
32	Die Terrasse als Schwelle
34	Avantgarde im Hinterland
38	Das Außen im Innen
40	Das Haus im Haus
44	Offener Innenraum
48	Wohnen als innere Emigration
48	Vom Ort zum Raum
56	Das Haus als Welt
57	Das Sofa als Angelpunkt
58	Deckel und Topf
60	Kritik als Verzerrung der Norm
64	Multigenerationelle Rückzugsarchitektur

1 Außerhalb Deutschlands wurde es jedoch sehr bald nach seiner Fertigstellung publiziert, nämlich durch *Architecture d'Aujourdhui* (No. 2, Fevrier 1939, p. 11), einer der damals einflussreichsten internationalen Architekturzeitschriften, in der schon frühere Projekte wie das Landhaus Schminke und das Haus Baensch in teilweise ausführlichen Besprechungen von Julius Posener sehr wohlwollend veröffentlicht worden waren. Das Haus Möller wurde dagegen nur in einer Überblicksdarstellung ohne eine begleitende Rezension porträtiert (5 Abbildungen, 2 Grundrisse und 1 Schnitt). Ähnlich kursorisch fielen auch die Veröffentlichungen in *domus* (Nr. 183, 1943, S. 107 ff.) und in *Bouwkundig Weekblad* (20, 1963, S. 362) aus (Grundriss, Schnitt und eine Abbildung). In Deutschland veröffentlicht wurde es allein mit einer Abbildung in *Die Kunst das schöne Heim*, Nr. 9, 1968. S. 454; in einer führenden deutschen Architekturzeitschrift wie der *Bauwelt* oder der *Deutschen Bauzeitung* ist es dagegen nie publiziert worden.

2 Für eine genaue Schilderung der Gründe, warum Ferdinand Möller das Haus aufgeben musste, siehe Eberhard Roters, *Galerie Ferdinand Möller. Die Geschichte einer Galerie für Moderne Kunst in Deutschland 1917–1956*. Berlin 1984, S. 177–205.

3 So erwähnt Peter Blundell-Jones in seiner grundlegenden Scharoun-Monografie das Haus Möller im Text überhaupt nicht, bildet es aber zumindest mit zwei Fotografien und drei Zeichnungen ab (siehe Peter Blundell-Jones, *Hans Scharoun*, London 1995, S. 93). In Andreas Tönnesmanns Darstellung von Scharouns Tätigkeit im Dritten Reich wird es völlig unterschlagen (siehe Christine Hoh-Slodzyk, Norbert Huse, Günther Kühne, Andreas Tönnesmann, *Hans Scharoun – Architekt in Deutschland 1893–1972*, München 1992). Christoph Bürkle schließlich widmet in seiner kleineren Monografie einen längeren Abschnitt dem unausgeführten ersten Entwurf des Hauses, ohne ihn jedoch mit dem gebauten zweiten Entwurf in Beziehung zu setzen (siehe Christoph Bürkle, *Hans Scharoun*, Zürich 1993, S. 17 f.) Aus eigener Anschauung des gebauten Hauses scheinen nur die neuesten Publikationen über das Haus Möller zu schöpfen, die nach der von Wolfgang Wittrock initiierten und durch den Berliner Architekten Siegfried Ißmer durchgeführten denkmalgerechten Wiederinstandsetzung erschienen sind. Siehe hier besonders den gründlichen bauhistorischen Aufsatz von Paul Sigl, *Zum Raumhaften. Das Haus Möller von Hans Scharoun in Zermützel /Altruppin*, in: Gilbert Lupfer, Konstanze Rudert, Paul Sigl (Hrsg.), *Bau-Kunst – Kunst-Bau. Festschrift zum 65. Geburtstag von Professor Jürgen Paul*, Dresden 2000, S. 310–321.

Vorgeschichte

Von allen privaten Wohnhäusern, die Hans Scharoun in der Zeit seines inneren Exils im Dritten Reich gebaut hat, war das Haus Möller lange Zeit eines der unbekanntesten. Einer der Gründe dafür mag in seiner Entstehungszeit liegen: 1937–38 gebaut, fiel es in die Zeit des faktischen Veröffentlichungsverbots, mit dem Scharouns Arbeit seit 1934 belegt war. [1] Doch als der Osten Deutschlands nach dem Krieg und dem Viermächteabkommen zur sowjetischen Besatzungszone erklärt wurde, fiel das Haus in der brandenburgischen Seenlandschaft in einen Dornröschenschlaf, der es ebenso wirksam von der Landkarte der öffentlichen Wahrnehmung tilgen sollte. Nachdem die ursprünglichen Bewohner, die Familie des Berliner Kunsthändlers Ferdinand Möller 1949 das Anwesen im Zuge der politischen Zeitwirren zurücklassen mussten [2], ging das private Sommerhaus in Volkseigentum über und wurde ab 1951 als Betriebsferienheim des VEB Feuerlöschgerätewerk Neuruppin genutzt. Diese Funktion behielt das Haus bis zum Ende der DDR-Zeit, so dass es rund vier Jahrzehnte lang der öffentlichen Zugänglichkeit weitestgehend entzogen war – im Unterschied zu Scharouns Häusern im westlichen Berlin. Da schließlich auch die Zahl der erhaltenen Dokumente (Pläne, Fotografien, Aufzeichnungen) eher spärlich ausfällt, ist es kein Wunder, dass das Haus Möller in der Scharoun-Literatur bis heute eher ein Mauerblümchendasein fristet. [3]

Doch ist die architekturgeschichtliche Unterbelichtung zu einem gewissen Teil auch in dem Haus selbst begründet. Innerhalb von Scharouns Wohnhausœuvre nimmt es eine sehr spezifische, aber architekturtheoretisch bisher nur ungenügend bestimmte Position ein. Im Vergleich mit Scharouns anderen Wohnhäusern nimmt sich das Haus Möller zunächst eher bescheiden aus, nicht nur was seine Größe, sondern auch was seine architektonische Wertigkeit betrifft. Als Scharouns bedeutendstes privates Wohnhaus gilt das Landhaus Schminke (Löbau, 1930–33). Mit ihm lieferte Scharoun seinen Beitrag zum privaten Wohnhausbau der „Weißen Moderne", in mehr oder weniger deutlicher Auseinandersetzung und auf gleicher Höhe mit den Meisterwerken der Epoche: Le Corbusiers Villa Savoye (Poissy, 1929) und Mies van der Rohes Haus Tugendhat (Brno, 1928–30). [4]

4   Scharouns Beziehung zu Le Corbusier ist in seinem erstem Entwurf für das Landhaus Schminke ganz deutlich. Peter Blundel-Jones weist auf die strukturellen Parallelen zur Villa Savoye hin: die Bedeutung der Autovorfahrt, die im freigelassenen Erdgeschoss direkt unter dem Hauptwohnraum situiert ist und mit einer Umkehrschleife ostentativ inszeniert wird: „(The cars) drive under the building to drop off their passengers, then circle around in the garden space beyond before returning to the road. This is a reminder not only of Scharoun's dynamic city buildings and their response to traffic, but also of Le Corbusier's masterpiece of the late 1920s, the Villa Savoye, where the car drives three quarters of the way around the house before coming to rest diagonally in the garage." Peter Blundel-Jones; a.a.O., S. 74. Wie Le Corbusier platziert Scharoun in diesem ersten Entwurf fast nur hauswirtschaftliche Funktionen im Erdgeschoss, der Wohnbereich wird dagegen auf der ersten Etage angelegt. Im ausgeführten Entwurf von Landhaus Schminke ist der Wohnbereich dann jedoch, so wie in fast allen folgenden Häusern Scharouns, im Erdgeschoss untergebracht – es empfängt also seine Bewohner und Besucher unmittelbar.

Abbildungen von oben nach unten:
Hans Scharoun, Landhaus Schminke,
Löbau, 1930–33
Mies van der Rohe, Haus Tugendhat,
Brno, 1928–30
Le Corbusier, Villa Savoye, Poissy, 1929

5   Scharoun sprach schlecht Englisch, fühlte sich auch generell unsicher in Bezug auf seine Chancen in Amerika. Philip Johnson lud ihn 1935/36 ein, in die USA zu kommen, doch Scharoun lehnte ab (siehe Peter Blundell-Jones, a.a.O., S. 229, Anm. 14). Eigentlich hätte Scharoun keinen besseren Förderer auf internationalem Parkett finden können, wenn man bedenkt, dass Johnson – zusammen mit Henry Russell Hitchcock Initiator der berühmten „International Style" Ausstellung am MoMA – die entscheidende Brückenfigur für die politisch verfolgte europäische Moderne war. Mies van der Rohe, Marcel Breuer, Walter Gropius und viele andere kamen auf seine Vermittlung in die USA und erlebten hier einen zweiten Frühling.

6   Merkwürdigerweise wird diese Dimension von Scharouns Architektur, seine Affinität zu räumlich ähnlich komplexen Raumkonzepten der Gegenwartsarchitektur wie zum Beispiel dem Dekonstruktivismus, in der Literatur konsequent ignoriert. Die Scharoun-Exegese betrachtet Scharouns Werk mit Vorliebe isoliert für sich, was die von ihr zum Teil beklagte Folgenlosigkeit Scharouns in der Architektur des 20. Jahrhunderts allerdings nur noch verstärkt. Umgekehrt stilisiert sich die dekonstruktivistische Architektur gern als präzendenzlos, als Phänomen ohne Wurzeln, das Ende der 70er Jahre plötzlich auftauchte und wenn überhaupt, dann nur aus der poststrukturalistischen Philosophie eines Jacques Derrida erklärt werden könne (siehe hierzu den Katalog, der von Philip Johnson und Mark Wigley kuratierten Ausstellung *Deconstructivist Architecture*, The Museum of Modern Art, New York. 23. Juni – 30. August 1988 und Andreas Papadakis, Catherine Cooke & Andrew Benjamin (Hrsg.) *Deconstruction*. London 1989.) Doch natürlich hat auch der Dekonstruktivismus seine historischen Vorläufer und Scharoun darf als einer von ihnen gelten, zieht man in Betracht, wie häufig seine Philharmonie von Architekten der Gegenwart als Paradigma herangezogen wird.

7   Diese Kategorisierung wurde zuerst von Scharoun selbst gemacht, in einer Vorlesung vom 22. Juni 1950 an der TU Berlin und in einer Serie von analytischen Zeichnungen, die er 1967 von Haus Baensch, Haus Moll und Haus Möller

Mit einem großzügigen Budget und einem der Moderne aufgeschlossenen Bauherrenpaar konnte Scharoun hier seine Vorstellung vom Wohnhaus als einer Verräumlichung miteinander verbundener „Wohnvorgänge" so kompromisslos realisieren wie nie zuvor – aber auch wie nie danach. Im Jahr der Machtergreifung durch die Nationalsozialisten fertig gestellt, fällt es mit einer Zäsur in Scharouns Werk zusammen, die unübersehbar durch die politischen Veränderungen motiviert ist. Die privaten Wohnhäuser, die Scharoun in den Jahren des Dritten Reiches baute, tragen deutliche Spuren eines „Arrangements" mit dem modernitätsfeindlichen Kanon der neu verordneten Heimatarchitektur. Anders als viele seiner Kollegen hatte sich Scharoun nicht dazu entschließen können, Deutschland zu verlassen und im amerikanischen Exil einen Neuanfang zu wagen. [5] Statt dessen zog er es vor, seine Architektur auch unter diesen erschwerten Bedingungen weiterzuentwickeln. Die architektonische Konsequenz dieser politischen Entscheidung ist eine Gestaltungsstrategie, die nahezu alle privaten Wohnbauten Scharouns während des Nationalsozialismus durchzieht – die Trennung des Hauses in eine Straßen- und eine Gartenseite. Zur Straße hin, dem Raum der Gemeinschaft, verhält sich die Architektur wie ein Chamäleon, das sich dem Zeitgeist anpasst. Es erfüllt die gestalterischen Konventionen, um kein Misstrauen zu erregen, mit steifer Lochfensterfassade und dem obligatorischen Satteldach. Als Gegenwert für diese Konzession konnte Scharoun seine eigentlichen Gestaltungsideen dafür auf der Gartenseite ausleben, stand der private Raum der Familie doch unter einem geringeren staatlichen Anpassungsdruck. Entsprechend befreit sich hier die Architektur aus dem Korsett von kulissenhafter Fassade und aufgesetztem Dach, öffnet sich mit großen Fenstern zur Natur und antwortet auf die Topografie der Umgebung mit geschwungenen Außenwänden und terrassierten Abstufungen in den Garten.

Dieses architektonische Doppelspiel hat Scharoun am virtuosesten beim Haus Baensch (1934/35, Berlin-Spandau) ins Werk gesetzt. Straßen- und Gartenseite sind so gegensätzlich ausgebildet, dass man sie kaum dem gleichen Haus zuzuordnen vermag: der geschlossenen Strenge der Straßenfront mit ihrem steifen Satteldach korrespondiert auf der Gartenseite eine schwingende Raumskulptur mit asymmetrischem Flugdach, das von der tieferliegenden Gartenperspektive fast wie ein Flachdach wirkt. Diese ungeheure Mutation, die in den Ansichten des Bauantrags kaum zu ahnen ist, wirkt wie eine Vorwegnahme der Architektur, die in den späten achtziger Jahren unter dem Begriff des Dekonstruktivismus bekannt wurde: analysiert man es im Durchgang von der Straße zum Garten, dekonstruiert sich das Haus gewissermassen selbst. [6] Nachdem diese Janusköpfigkeit der Fassaden auch in Scharouns folgendem Wohnhausbau, dem Haus Moll (1936/37, Berlin-Grunewald) auftaucht, scheint es naheliegend, auch das jenem zeitlich folgende Haus Möller in die besagte Tradition einzuordnen. [7]

Doch erweist sich diese Zuschreibung als fragwürdig, überprüft man sie an den Plänen des Projektes und erst recht am gebauten Haus vor Ort. Offensichtlich folgt das Verhältnis von Straßen- und Gartenseite nicht mehr der vertrauten Dialektik von Abschließung und Öffnung. Während die nach Norden und Osten weisende Eingangsfront noch die typischen Züge der „potemkinschen Genehmigungsfassade" aufweist, die Scharoun auch in den früheren Häusern einsetzte, so wartet die Gartenseite mit einer überraschenden Neuerung auf: ein für das kleine Haus ungewöhnlich großflächiges Dach, das bis weit über das normale Maß nach unten gezogen ist. Betrachtet man das Haus von der relativ steil abfallenden Hangböschung, scheint es in dem Hang, auf dem es sitzt, fast zu verschwinden. Besonders im Sommer, wenn sich die Bepflanzung vor der Terrasse ausbreitet, kann man daher den Eindruck erstellte. Die Scharoun-Literatur nahm das Stichwort dankbar auf und behandelte das Haus Möller fortan in diesem Sinne als 3. Variation eines Typs, ohne die Beziehung selbst noch einmal kritisch zu überprüfen. Dass Scharoun seine Entwürfe in der Tat häufig aus allgemeinen Typen entwickelte, indem er sie den besonderen Anforderungen eines Projekts anpasste, hat Klaus Kürvers in seiner Studie über das Haus Schminke einleuchtend dargelegt. So basieren zum Beispiel Haus Schminke und Haus Baensch auf dem selben Typ – dem Entwurf „Weite" von 1928. Sie individuieren ihn aber so stark, dass am Ende zwei völlig verschiedene Projekte entstehen. Haus Mattern geht seinerseits zurück auf den „Flachtyp III", einen abstrakten Wohnhausentwurf von 1932. (Klaus Kürvers, *Hans Scharoun und der Entwurfsprozess zum Haus Schminke*, in: Max Risselda (Red.), *Funktionalismus 1927–1961. Hans Scharoun versus die Opbouw*. Sulgen, 1999, S. 55–84.) Haus Möller bleibt bei Kürvers dagegen unerwähnt, und zwar ganz zu Recht, weil sich für dies Haus eben auch kein Grundtyp finden lässt, als dessen Individuation es bezeichnet werden könnte.

Abbildung links:
Haus Baensch, Straßenseite (heutiger Zustand)

Abbildung rechts:
Haus Baensch, Gartenseite (Originalzustand)

bekommen, als setze das tiefhängende Dach des Hauses die aufsteigende Bewegung des Hangs fort. Das Haus wird zur gebauten Fortführung der Landschaft.

Warum Scharoun sich für diese Dachlösung entschied, ist zunächst kaum nachvollziehbar. Nicht nur, dass sie seinem gewohnten Prinzip der landschaftlichen Öffnung diametral widerspricht; auch scheint sie sich gerade an diesem Ort selbst ad absurdum zu führen. In der Tat wirkt es paradox, dass Scharoun das Haus auf einen Hügel setzt, von dem aus sich ein großzügiges Panorama auf Zermützel- und Teetzensee eröffnet, dass er das Dach dann aber so weit nach unten zieht, bis von dem möglichen Ausblick nur noch ein schmales Band übrig bleibt. Das Haus zieht sich gewissermaßen von der Landschaft zurück, als wolle es sich vor ihr verstecken und nur einen bedingten visuellen Kontakt zu ihr aufnehmen.
Für eine solche Distanzierung von der Landschaft finden sich in Scharouns bisherigem Werk keine Vorläufer. Will man ihre Ursachen finden, muss man also woanders suchen. Die komplizierte Planungsgeschichte des Hauses erweist sich dafür als besonders aufschlussreich: denn in der Serie von Mutationen, die das Projekt zwischen Entwurf und Ausführung durchlief, lassen sich auch die inhaltlichen und gestalterischen Beweggründe identifizieren, die später zu der eigenwilligen Gestalt von Haus Möller geführt haben.

Abbildung rechts:
Schnitt, 24. Juni 1937. Das Haus als Sehmaschine.

Abbildungen Seite 11:
Geschlossene Eingangsseite versus aufbrechende Gartenfront mit Wintergarten als Vermittlung zwischen festem Haus und offenen Haus.

Abbildungen Seite 12 und 13:
Verschiedene Ansichten beim Umschreiten des Hauses von der Eingangs- zur Terrassenseite.

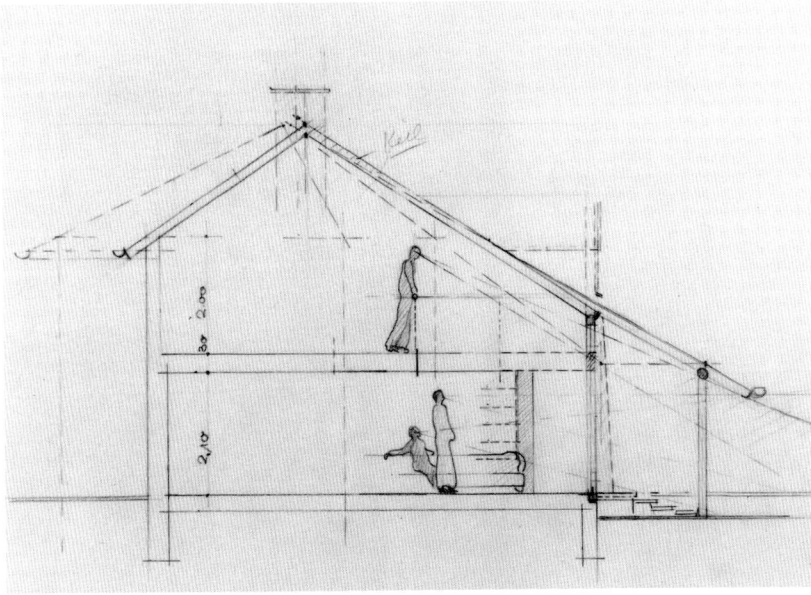

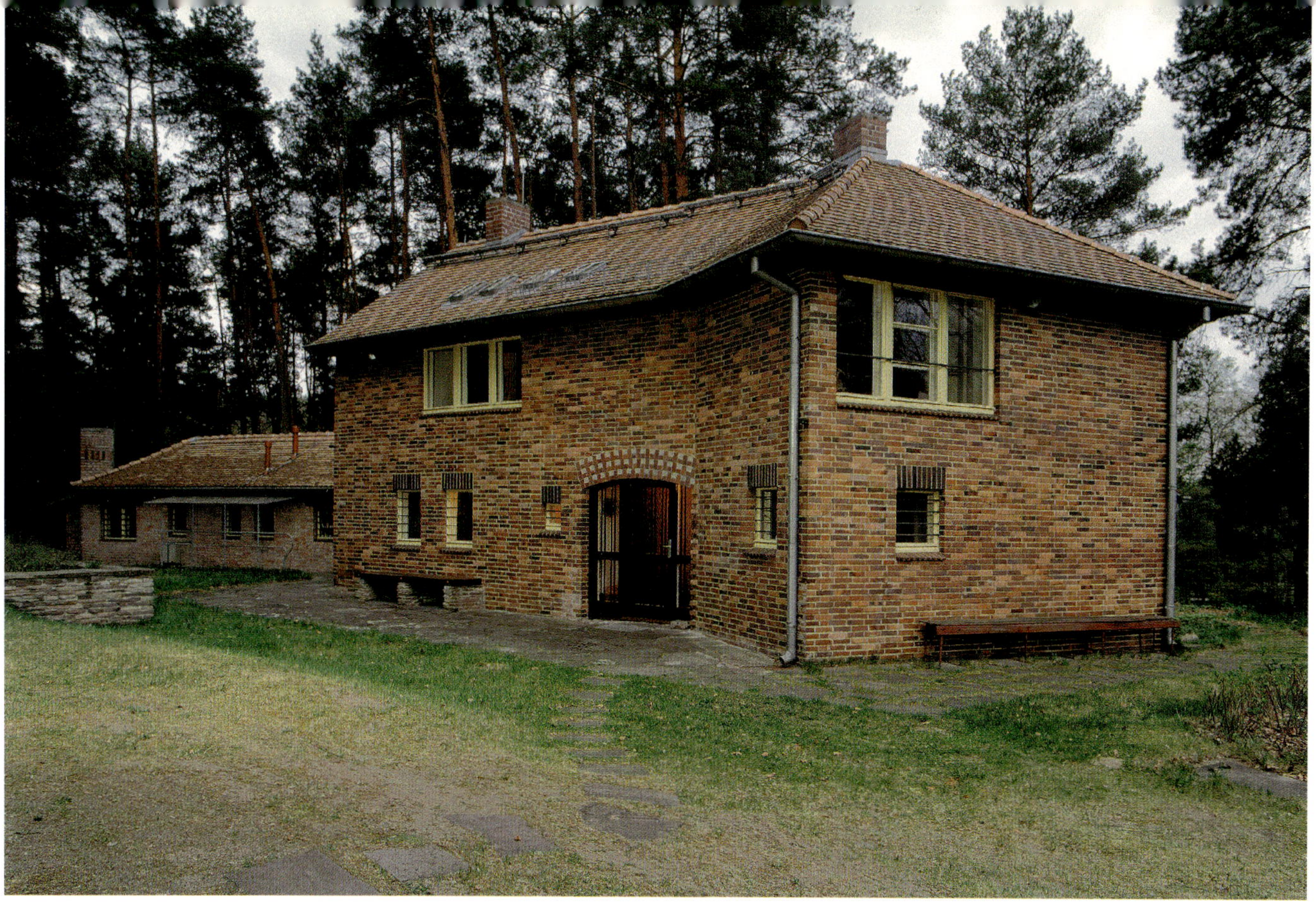

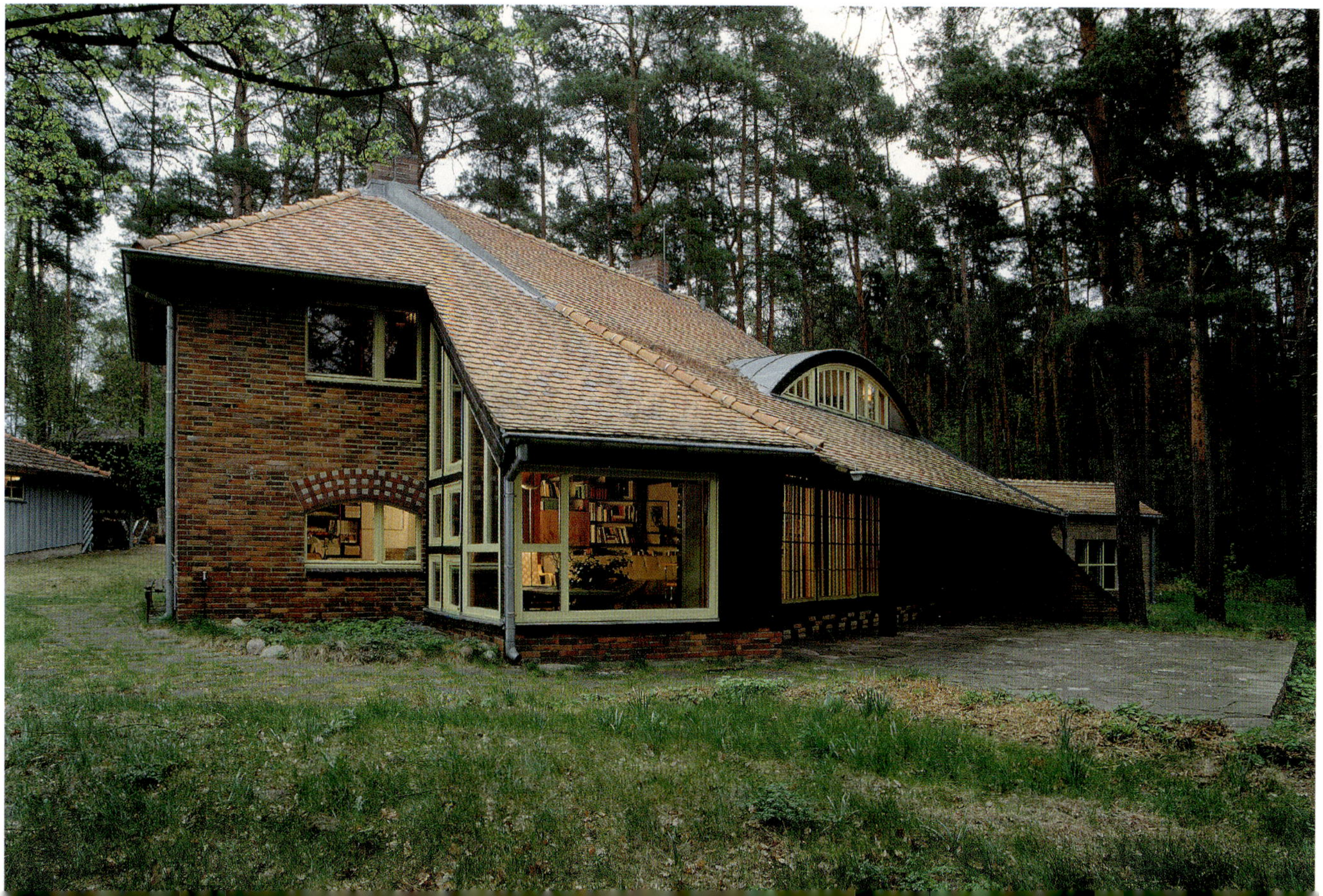

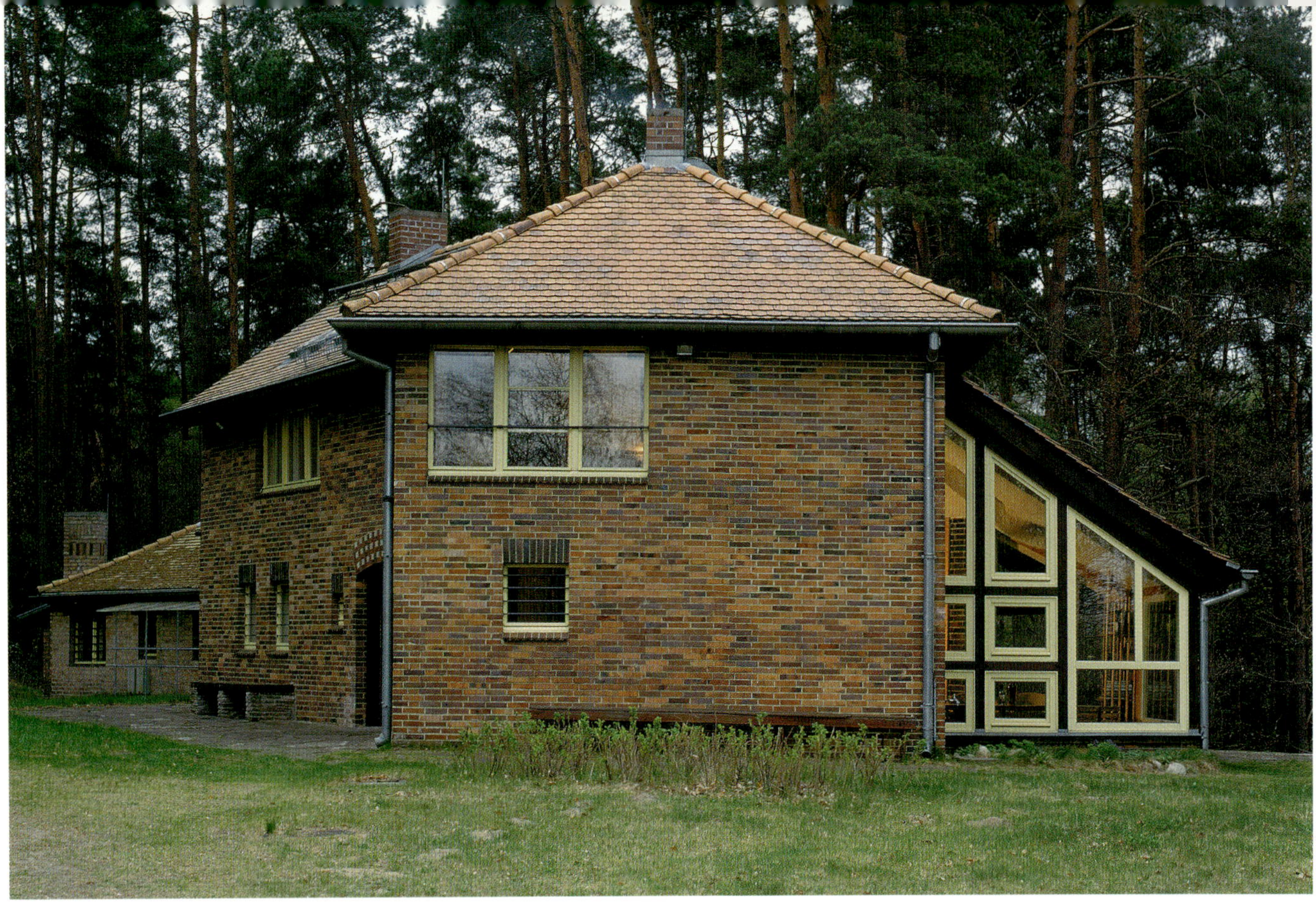

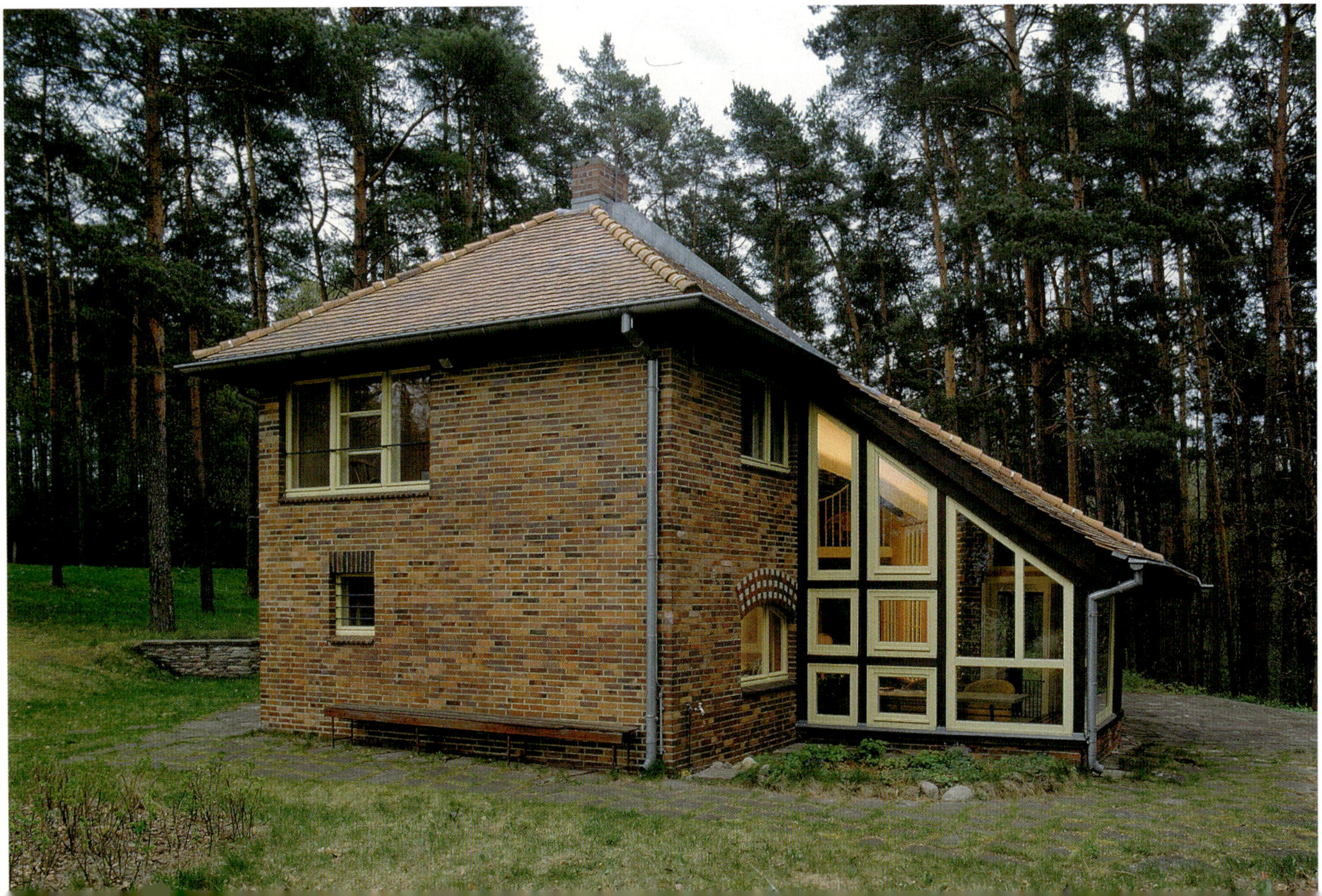

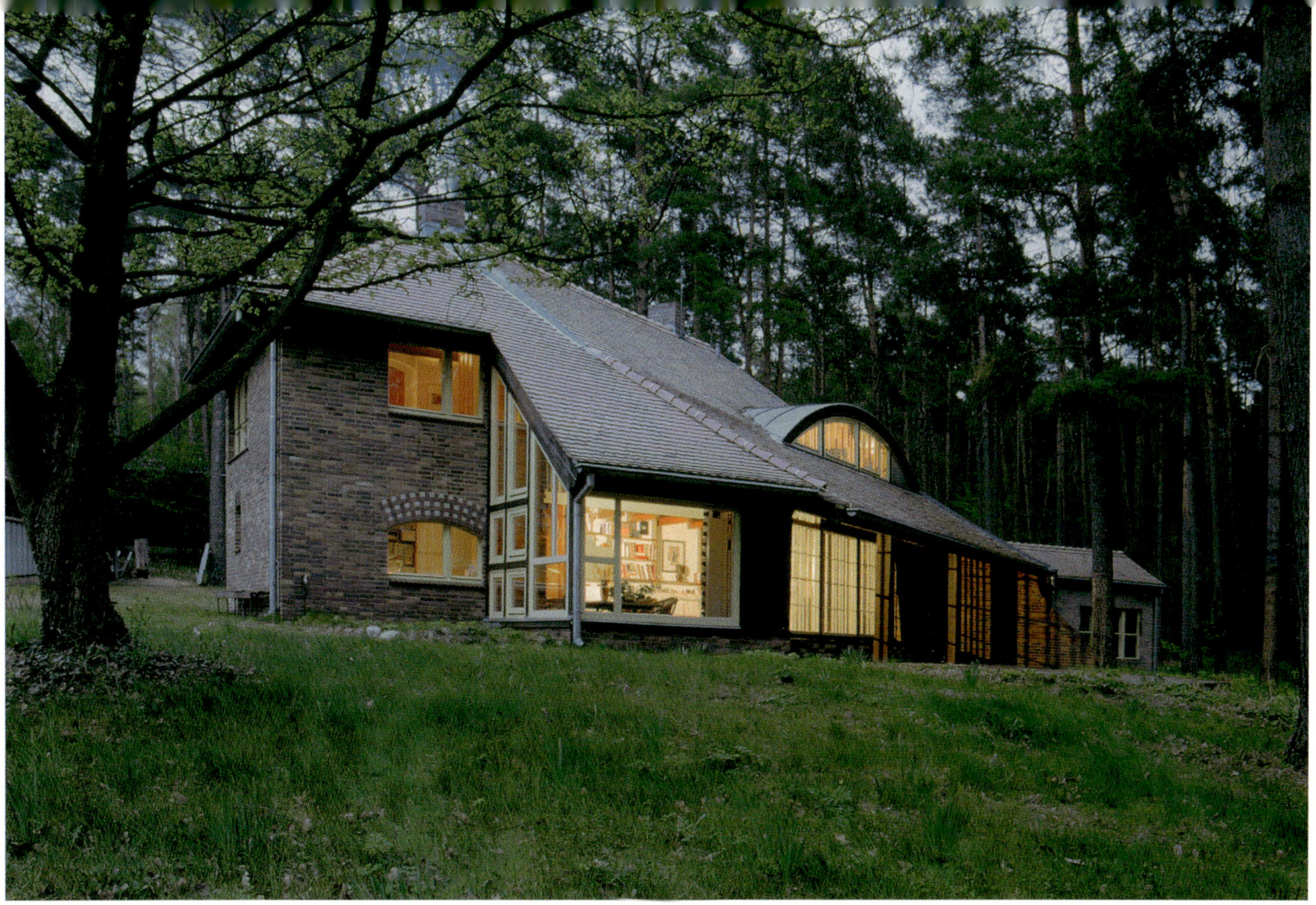

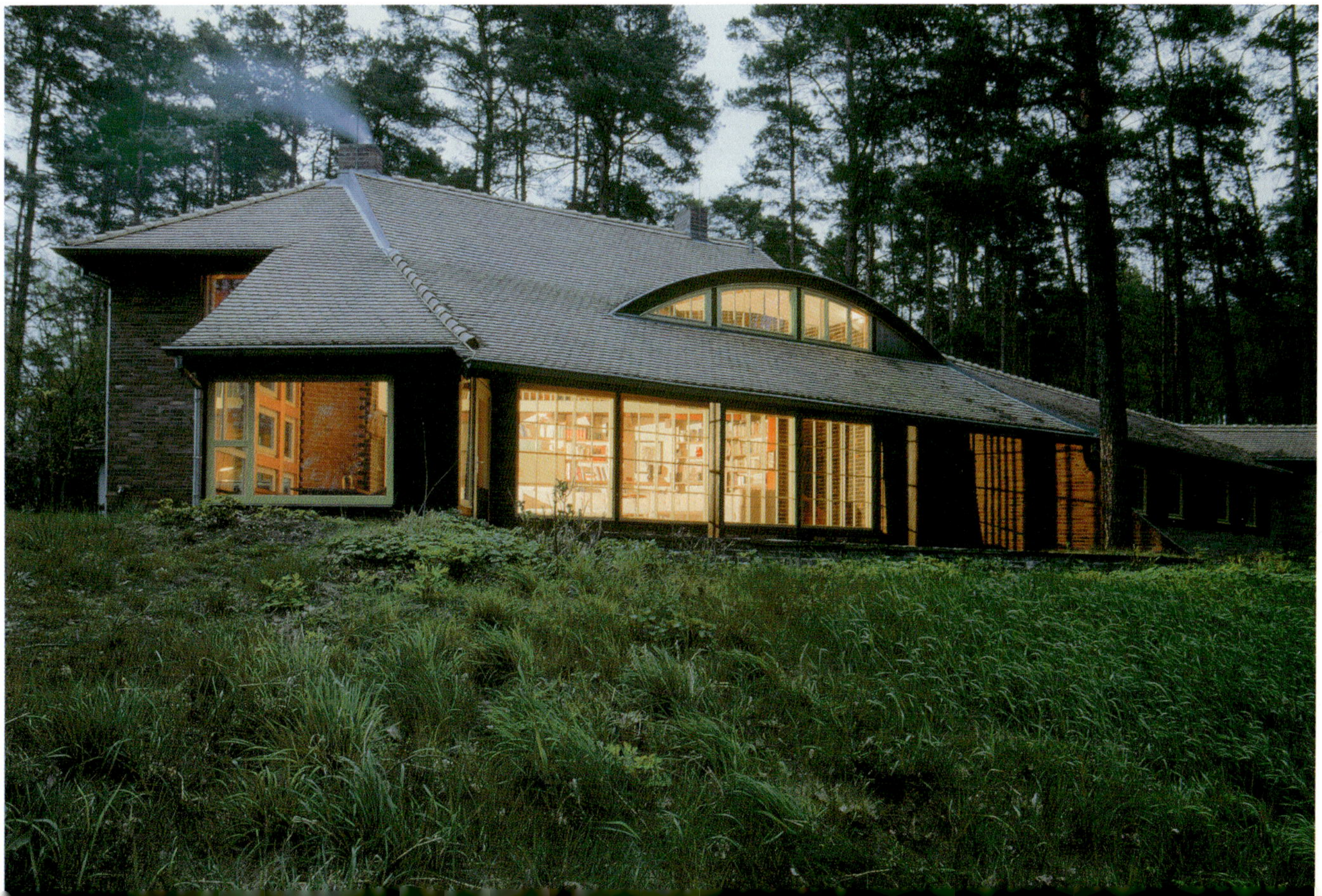

8   Zitiert in: Peter Pfankuch (Hrsg.), *Hans Scharoun, Bauten, Entwürfe, Texte*, in: Schriftenreihe der Akademie der Künste, Band 10, 2. Auflage, Berlin 1993, S. 118.

Abbildung Seite 15 oben:
Haus Möller I, Grundriss EG und OG. Die interne Organisation der Grundrisse erinnert fragmentartig an frühere Häuser Scharouns, bleibt aber deutlich hinter ihnen zurück. Nur die zentrale Treppe als raumbildendes und raumerschließendes Element zeigt eine neue räumliche Qualität.

Abbildung Seite 15 unten:
Haus Möller I, Ausschnitt des Bauantrags vom 27. März 1937.

Haus Möller, die Erste

Ursprünglich geplant war nicht ein Sommerhaus, wie es letztlich zur Ausführung kam, sondern ein vollständiges Wohnhaus als ganzjähriges Domizil für die Familie Ferdinand Möllers (in der Folge Haus Möller I genannt). Doch auch in diesem Entwurf findet sich keine derartige Dachlösung, das Haupthaus ist mit einem Walmdach bedeckt. Dafür ist das Atelier für Frau Möller im ersten Obergeschoss über dem Wohnraum mit einer horizontalen Fensterreihe ausgestattet, die den Raum direkt unterhalb der Traufkante über drei Wandseiten umläuft. Scharoun ging es hier darum, einen größtmöglichen Ausblick auf die Landschaft zu schaffen und ihn auch von außen erkennbar zu machen – also genau das Gegenteil dessen, was er im gebauten, zweiten Entwurf machen sollte. Es spricht einiges dafür, die Gründe für dieses Umschwenken in der Ablehnung des ersten Entwurfes zu suchen. In Scharouns eigener Darstellung der Geschichte spürt man deutlich seine Enttäuschung: „Ein umfassenderer Bezug zu den Aufgaben und zu der Umwelt wäre erreicht worden, wenn nach einem vorhergehenden – ersten – Entwurf hätte gebaut werden können. Es war aber eine Folge der Ablehnung des Neuen Bauens durch das Naziregime, dass dieser erste Entwurf nicht zur Durchführung kam." [8]

Neues Bauen?

Das Haus Möller I als Beispiel des Neuen Bauens zu deklarieren, wie es Scharoun hier implizit tut, zeugt von einer beträchtlichen Verwegenheit. Bedenkt man Zeitpunkt und Umstände dieser Aussage (Scharoun machte sie in einer Vorlesung 1950 vor Architekturstudenten der Berliner TU), bekommt sie einen Anstrich von Selbstreinigung vor der Geschichte. Denn auch Scharoun wird gewusst haben, wie weit er sich mit diesem ersten Entwurf für Haus Möller bereits von den Idealen der Moderne entfernt hatte. Konnte man Scharouns Umgang mit den restriktiven NS-Bauvorschriften in seinen früheren Häusern durchaus als schöpferisches Konfliktmanagement begreifen, so steht Haus Möller I eher für die vorauseilende Verinnerlichung von Zwängen. Man vermisst jene kritische Kraft der Umkehrung, mit der Scharoun bis dahin leidige Einschränkungen zum Ansporn genommen hatte, seine architektonischen Aussagen dennoch, gleichsam im toten Winkel der baupolizeilichen Legalität, zu entfalten. Vergebens sucht man die souveräne Dissimulation schwingender Raumschichten hinter einer Fassade, die gekonnt das Banale klont (Haus Baensch). Kein Vergleich ebenso mit der komplexen Raumorganisation eines Haus Moll, das von außen wie ein

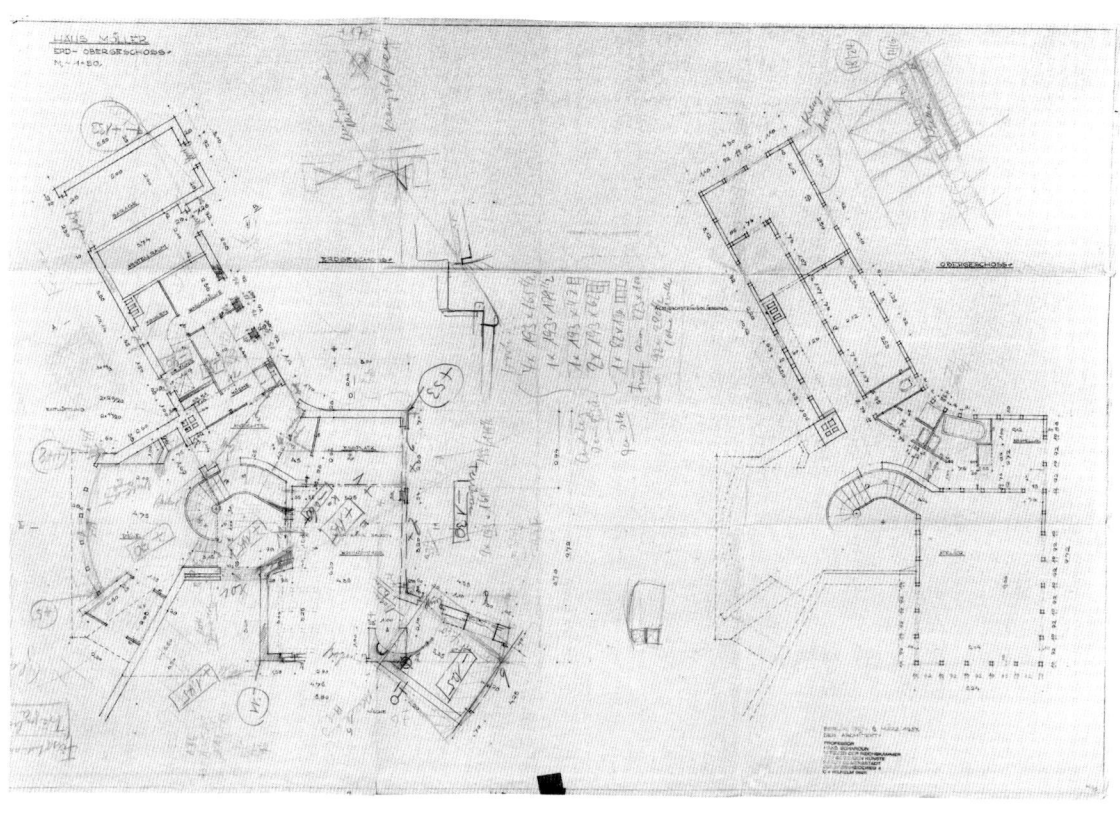

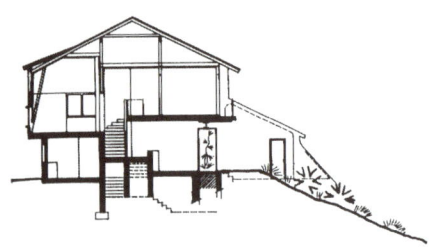

Haus Moll, Schnitt

gewöhnliches zweigeschossiges Einfamilienhaus wirkt, aber im Innern nicht weniger als neun verschiedene Ebenen aufweist, über die das Raumprogramm organisiert ist. Statt dessen präsentiert der erhaltene Bauantrag von Haus Möller I ein schwerfälliges Landhaus, dem ein Wirtschaftstrakt eher schlecht als recht angegliedert ist. Zeichnen sich Scharouns frühere Häuser häufig dadurch aus, dass sie buchstäblich aus der Topografie des Grundstücks hervorzuwachsen scheinen, wirkt Haus Möller I unvermittelt auf dem Baugelände abgesetzt. Dass es, ebenso wie Haus Moll, aus den Bedingungen der Landschaft entwickelt worden sei, wie Scharoun vorgibt, erweist sich spätestens in den landschaftlich illustrierten Ansichten des Bauantrags als Wunschdenken seines Architekten.

Anatomie einer Ablehnung
Wie es zur Ablehnung dieses ersten Bauantrags kam, lässt sich heute nicht mehr absolut lückenlos rekonstruieren, da die Korrespondenz zwischen Möller und den entsprechenden Ämtern nicht vollständig erhalten ist. [9] Doch erlaubt das Studium der Akten zumindest einen weitgehenden Nachvollzug des bürokratischen Vorgangs. Nachdem Ferdinand Möller den Bauantrag eingereicht hat, wird ihm von den zuständigen Ämtern zunächst bestätigt, dass keine Gründe zur Verweigerung des Ansiedlungsvertrages vorlägen – der Antrag sei konform mit dem behördlich genehmigten Besiedlungsplan. [10] Jedoch ist die Errichtung des Wohnhauses an einer Stelle geplant, für die nach Einschätzung des Neuruppiner Landrats eine besondere Bauberatung mit den

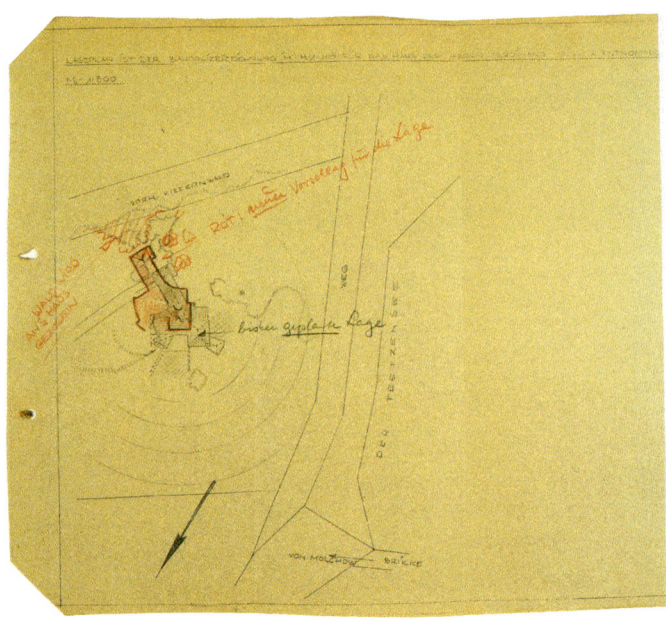

Haus Möller I, Lageplan. Eingezeichnet sind der ursprünglich vorgesehene Standort des Hauses und der neue Vorschlag.

Sachbearbeitern des übergeordneten Regierungspräsidiums erforderlich ist. Am 22. April 1937 findet eine entsprechende Besichtigung des Geländes statt, bei der die Sachbearbeiter des Regierungspräsidenten die Lage des Gebäudes auf der Hügelkuppe als zu dominant gegenüber der Landschaft einschätzen. Möller wird aufgefordert, einen Änderungsvorschlag zu machen, der das Haus besser in das Landschaftsbild einfügt. [11] Möller und Scharoun weisen dagegen darauf hin, dass das Bauvorhaben sich sehr wohl in die Umgebung einfügt. Dafür lässt Scharoun eine dem Gebäude entsprechende Höhenmarke auf dem Grundstück aufstellen und die Situation von verschiedenen Standpunkten aus der Umgebung fotografisch dokumentieren. Möller schickt diese Fotos an den Neuruppiner Landrat, nicht ohne in seinem Begleitschreiben darauf hinzuweisen, „dass das Bauwerk eine verhältnismäßig niedrig gestreckte Form zeigt" und „diese Wirkung des Niedrigen, Geduckten (...) durch das Abknicken des Baukörpers und Abtreppen der Höhe noch unterstützt" werde. Um dem Haus auch darüberhinaus „das Isolierte" zu nehmen, hatte Scharoun vorgeschlagen, den Wald hinter dem Grundstück direkt an das Haus „hinzuholen" und vor dem Haus noch zusätzlich Bäume zu pflanzen. Doch um die drohende Ablehnung der Baugenehmigung in jedem Fall abzuwehren, erklären Scharoun und Möller auch ihre Bereitschaft, „unter bewusstem Verzicht auf die beste Beziehung von Haus und Landschaft, das Haus circa fünf Meter nach rückwärts und zum Walde hin zu verschieben, wenn in der noch stärkeren Durchsetzung von Wald und Baukörper eine noch größere Garantie für die Einfügung in das Landschaftsbild gesehen werden sollte." [12]

9 Archiviert sind die Unterlagen unter der Signatur Rep. 6 C 517 im Brandenburgischen Landeshauptarchiv, das sich im Orangerieflügel von Schloss Sanssouci in Potsdam befindet.

10 Eingereicht wurde der Bauantrag von Ferdinand Möller am 27. März 1937 bei der Ortspolizeibehörde in Krangen und der Kreispolizeibehörde in Neuruppin. Genehmigende Instanzen waren, in aufsteigender Hierarchie: der Landrat des Kreises Ruppin, der Regierungsbaurat vom Preussischen Staatshochbauamt Neuruppin und der Regierungspräsident des Regierungsbezirks Potsdam, der schließlich auch die Baugenehmigung verweigerte.

11 Siehe das Schreiben des Neuruppiner Landrates vom 28. Mai 1937 an den Regierungspräsidenten in Potsdam.

12 Brief von Ferdinand Möller an den Ruppiner Landrat vom 11. Mai 1937.

Haus Möller I. Einzeichnung des Hauses in ein Foto, das den Blick vom Teetzensee zeigt.

Die Formulierung lässt bereits eine gewisse Verzweiflung erkennen. Doch alles Entgegenkommen sollte nichts helfen. Hatten die örtlichen Ämter Möller noch bestätigt, dass kein Grund vorliegt, ihm die Ansiedlungsgenehmigung zu versagen, weil das von ihm erworbene Grundstück in dem behördlich genehmigten Siedlungsplan zur Besiedlung liegt [13], so stellt sich der übergeordnete Regierungspräsident in Potsdam demonstrativ quer und zweifelt die Gültigkeit dieses Plans grundsätzlich an – offenbar weil er noch aus dem Jahre 1931 stammte, ein unliebsames Relikt aus Weimarer Zeit gewissermaßen. In einem geharnischten Schreiben vom 9. Juni 1937 maßregelt er den Neuruppiner Landrat, dass dieser Plan längst hätte aufgehoben worden sein müssen, weil er „ganz offensichtlich im Gegensatz zu der nach dem Reichsgesetz vom 22. September 1933 beabsichtigten geordneten Nutzung des Bodens" stehe. [14] Offenbar in der Folge dieses sogenannten „Wohnsiedlungsgesetzes" war am 15. Februar 1936 eine neue „Verordnung über die Regelung der Bebauung" in Kraft getreten, die für den Regierungspräsidenten die neue Rechtsgrundlage für jede künftige Bebauung darstellt. Nachdem in mehreren Gemeinden des Kreises schon eine ungeordnete Besiedlung eingesetzt habe, sei nun „für die landschaftlich schönen Gegenden ein Schutz gegen weitere Bebauung und Besiedlung erforderlich". Für die seenahen Grundstücke am Zermützel-Teetzen-See folge daraus, „dass aus Gründen des Landschaftsschutzes eine Besiedlung an den Seeufern auszuschließen ist". [15] Auf diese Weise wird das Bauland der Möllers kurzerhand in ein Landschaftsschutzgebiet umgewandelt, womit der nötige Vorwand gegeben war, Möller die Baugenehmigung zu versagen. [16]

Die Ablehnung seines Bauantrags wird Ferdinand Möller am 4. Juni 1937 bei einem persönlichen Treffen mit dem Regierunspräsidenten in Potsdam mitgeteilt. Als Möller daraufhin entgegnet, dass sein Kaufvertrag für den Erwerb des Grundstücks bereits genehmigt sei und er außerdem schon Materialien beschafft und zum Teil angefahren habe, wird ihm vorgeschlagen, „einen Bauantrag für ein kleines Wochenendhaus zu stellen, das so weit in den Wald hineingerückt wird, dass es in der Landschaft nicht in Erscheinung tritt." [17]

---

13 Aller Wahrscheinlichkeit nach handelt es sich dabei um den Teilsiedlungsplan am Zermützel- und Teetzensee in der Gemarkung Krangen, Kreis Ruppin, der von Dipl. Ing. F. O. Seeger, Regierungsbaumeister a. D. im April 1931 eingereicht und danach noch mehrfach überarbeitet wurde. In der endgültigen Fassung wurde er von Seeger am 5. September 1931 an den Vorsitzenden des Kreisausschusses Ruppin gesandt. Dieser Siedlungsplan legt die gewünschte Art der Ansiedlungen genau fest: „Den landschaftlichen Vorzügen und der Lage an einer öffentlichen Wasserstraße entsprechend, ist die Siedlung als Sport- und Wochenendsiedlung gedacht."

14 Schreiben des Potsdamer Regierungspräsidenten an den Landrat des Kreises Altruppin in Neuruppin vom 9. Juni 1937. Hieraus stammen auch die folgenden Zitate.

15 Diese „landschaftliche Herleitung" der Ablehnung von Möllers Bauantrag liest sich im Schreiben des Regierungspräsidenten wie folgt: „Für die Gemeinde Krangen war kein Wirtschaftsplan aufgestellt. Somit sind auch am Zermützel-Teetzen See keine Wohn- und Siedlungsflächen ausgewiesen. Ich musste hiernach annehmen, dass auch von dort aus die Ansicht vertreten wird, dass aus Gründen des Landschaftsschutzes eine Besiedlung an den Seeufern auszuschließen ist. Es ist mir umso unverständlicher, dass die Genehmigung für den Kauf des Grundstücks durch Möller ohne Auflagen erteilt worden ist, als die Ufer der genannten Seen durch die Polizeiverordnung vom 5. August 1909 geschützt sind. (...) Jedenfalls kann der Bauantrag in der jetzt vorliegenden Form nicht genehmigt werden. Ganz abgesehen von der Frage, ob der vorliegende Entwurf ästhetisch

befriedigend ist oder nicht, reicht die Zurückverlegung des Baukörpers an den Waldrand nicht aus, um eine Beeinträchtigung des Landschaftsbildes zu vermeiden." Dass dieses vehemente Eintreten des Potsdamer Regierungspräsidenten für den Naturschutz reine Rhetorik ist, zeigt sich darin, dass der Schutz der Landschaft bereits in Seegers Besiedlungsplan von 1931 als Ziel enthalten war: „Die Aufteilung des Ufergeländes und des Hanges soll in großen Parzellen von nicht weniger als zwei Morgen erfolgen, um eine allzu dichte Besiedlung bzw. Bebauung hier zu vermeiden. Im übrigen wird die Einbeziehung des ganzen Gebietes in das Naturschutzgebiet die Gewähr geben, dass eine Verunstaltung nicht eintritt."

16 Die Willkür dieses Vorgehens liegt auf der Hand, juristisch war es aber kaum anzufechten. Ursprünglich gehörte das Grundstück der Möllers zu Ackerlandflächen des in Zermützel ansässigen Bauerns Karl Schiele. Offenbar weil er es nicht mehr landwirtschaftlich bewirtschaften konnte, veranlasste Schiele die Aufschließung seines Landes, das heißt dessen Umwandlung zu in Parzellen ausgewiesenem Bauland (per Aufschließungsvertrag vom 31. Oktober 1932 zwischen Karl Schiele und der Gemeinde Krangen). Der Kaufvertrag zwischen Karl Schiele und Marta Möller über die Übereignung des Grundstücks „Am Birkenhorst 2" datiert seinerseits vom 15. September 1936, also sieben Monate nach dem In-Kraft-Treten des neuen Bebauungsplans, den der Regierungspräsident als Rechtsgrundlage für die Ablehnung der Baugenehmigung heranzieht.

17 Siehe das Schreiben des Potsdamer Regierungspräsidenten an den Landrat des Kreises Altruppin in Neuruppin vom 9. Juni 1937.

Blick vom Teetzensee mit Haus Möller im Bau

18 Zitiert aus der abschließenden Ablehnung von Möllers Bauantrag durch den Potsdamer Regierungspräsidenten vom 27. August 1937. Der volle Wortlaut des Schreibens lautet: „Gemäß der Verfügung vom 9. Juni 1937 - I. Sa. 29/ S. 94 ist der von Möller vorgelegte Bauantrag vom 27. März 1937 nebst Änderungsanträgen auf Grund des § 3 (2) der Verordnung über die Regelung der Bebauung vom 15. Februar 1936 und der dortigen Polizeiverordnung vom 5. August 1909 abgelehnt worden, da durch den geplanten großen (im Original handschriftlich durchgestrichen – die Autoren) Bau eine starke Beeinträchtigung des Landschaftsbildes hervorgerufen worden wäre."

Die Besetzung der Landschaft

Damit erscheint immer klarer, dass die von Scharoun angesprochene „Ablehnung des Neuen Bauens durch die Nazis" – so sehr sie auf das Schicksal der modernen Architektur im Dritten Reich grundsätzlich zutrifft – kaum als eigentlicher Grund für die Ablehnung des ersten Entwurfes von Haus Möller angeführt werden kann. Wahrscheinlicher ist dagegen, dass die wahren Ursachen in der nationalsozialistischen Neubestimmung des Verhältnisses von Stadt und Land gesucht werden müssen. Danach sollte die Stadt in der Stadt bleiben, anstatt sich auch in der Landschaft auszubreiten (was zeitgleich im fortschrittsgläubigen Amerika passierte). Die Nationalsozialisten hatten der Landschaft in ihrem Weltbild bekanntlich eine andere Rolle zugewiesen: mit pseudoromantischen Klischees von Blut und Boden befrachtet, sollte sie das Heimatgefühl des Deutschen Volkes nähren, seine Bindung an die Scholle festigen und seine Verwurzelung in der Geschichte symbolisch garantieren.

Diese ideologische Vereinnahmung der Landschaft durch die Nationalsozialisten ist für Scharoun durchaus problematisch, spielt doch die Landschaft in seiner Architektur während des Dritten Reiches eine stetig wachsende Rolle. In seinen Häusern vor 1930 ist sie noch als zeittypisches Dekor im Zeichen der modernistischen Licht-, Luft- und Sonnenanbetung eingesetzt. In den dreißiger Jahren wird sie dann immer mehr zum letzten Zufluchtsort vor der zunehmenden staatlichen Kontrolle des öffentlichen Raumes (das Landhaus Schminke markiert in etwa den Umschlagspunkt zwischen beiden Tendenzen). So erklärt sich die privilegierte Stellung des Gartens in Scharouns Privathäusern der dreißiger Jahre: als kostbare Oase eines ungestörten familiären Alltags und symbolische Erinnerung an eine vergangene freie Gesellschaft. Doch selbst dieses letzte Nirvana des Individuums, dem in den Jahren des Dritten Reiches Scharouns besondere Aufmerksamkeit gilt, scheint vor der Vereinnahmung durch die nationalsozialistische Propaganda nicht mehr sicher zu sein. Vor diesem Hintergrund muss es Scharoun als Erniedrigung empfunden haben, dass die nationalsozialistischen Behörden die Ablehnung der Baugenehmigung für sein Haus Möller I ausgerechnet damit begründen, „dass durch den Bau eine starke Beeinträchtigung des Landschaftsbildes hervorgerufen worden wäre." [18]

Abbildung oben:
Haus Mattern, Originalzustand

Abbildung unten:
Haus Moll, Originalzustand, (im Krieg zerstört)
Gartenlandschaft als Rückzugsraum

19 Dies geht aus einem Schreiben des Neuruppiner Landrats an den Potsdamer Regierungspräsidenten vom 12. Juni 1937 hervor. Darin heißt es: „Im Anschluss an meinen Bericht vom 28. Mai 1937 überreiche ich eine mir heute von der Grundstücksbesitzerin Frau Maria Möller übergebene neue Skizze für die Bebauung ihres Geländes am Teetzensee. Frau Möller gab an, dass sie den neuen Vorschlag gestern bereits dort mit Herrn Regierungs- und Baurat Wedow eingehend besprochen habe. Ich habe gegen die Ausführung des neuen Projektes keine Bedenken und befürworte die Ansiedlung der Kunstmalerin Frau Möller wärmstens. Gleichzeitig bitte ich, nunmehr der Erteilung der Baugenehmigung zuzustimmen. Der Zukauf des nötigen Waldstreifens ist nach Ansicht von Frau Möller gesichert." Die erwähnte „Skizze" ist nach bisherigen Recherchen nicht erhalten.

Haus Möller, die Zweite

Wie Scharoun auf diese Ablehnung reagiert hat, ist nicht bekannt. Allerdings muss er sich unmittelbar an die Arbeit gesetzt haben, um das kleine Sommerhaus zu entwerfen, das Möller vom Regierungspräsidenten als genehmigungsfähige Kompensation für das abgelehnte Wohnhaus in Aussicht gestellt worden war. Denn nur acht Tage nach der mündlichen Ablehnung des Bauantrags reicht Maria Möller eine Skizze des kleinen Sommerhauses beim Neuruppiner Landrat ein. [19]

Das bedeutet, dass Scharoun den Entwurf für Haus Möller II in weniger als einer Woche gefertigt hat. Diese Unmittelbarkeit gibt dem Entwurf etwas von einer Retourkutsche, ja einer Affektreaktion. Tatsächlich wirkt das realisierte Projekt wie eine trotzige Überaffirmation der amtlichen Vorgaben. Denn Scharoun hat das kleine Wochenendhaus tatsächlich „so weit in den Wald hineingerückt (...), dass es in der Landschaft nicht in Erscheinung tritt". Damit eröffnet sich aber eine ganz neue Deutung des weit überhängenden Daches als eine sarkastische Überzeichnung. Wenn – so mag sich Scharoun gedacht haben – sein erster Entwurf für Haus Möller die Landschaft zerstört haben soll, also noch „zuviel" Architektur gewesen war, dann bliebe als Alternative dazu eigentlich nur noch die Negation der Architektur durch ihre gänzliche Assimilation an die Landschaft. Und genau diese realisiert Scharoun durch die besondere Gestaltung des Daches: statt das Haus auf den Hang zu stellen, zieht er den Hang über das Haus.

20 Scharoun macht hier genau das Gegenteil der dramatischen Blickinszenierung, die Mies van der Rohe im Haus Tugendhat in Brno einsetzte: bei Mies fällt das Terrain direkt hinter der Fassade ab, die Landschaft schließt also unmittelbar an die Architektur an.

21 Siehe Paul Virilio, *La Machine de Vision*, Paris 1988. (Deutsch: *Die Sehmaschine*, Merve 1989). Dabei versteht Virilio unter der Sehmaschine nicht nur Apparate, sondern vor allem „Dispositive der Sichtbarkeit", und das können unter anderem räumliche Bedingungen sein, die darüber entscheiden, wieviel von einer Situation sichtbar ist.

Vom Satteldach zum Über-Dach

Das tiefhängende Dach erweist sich für die architektonische Wirkung des Hauses nun als ein Schlüsselelement. So bedingt es unter anderem ein völlig neues Verhältnis des Hauses zur Landschaft, verglichen mit Scharouns früheren Privathäusern. Im Haus Baensch zum Beispiel ist das Erdgeschoss mit einer flachen Dachkante ohne Überhang abgeschlossen. Von dem hier untergebrachten Wohn- und Aussichtsraum ergibt sich also ein direkter Blick nach draußen, der durch das große, geschwungene Panoramafenster auch deutlich inszeniert wird. Nun besitzt das Haus Möller an der Seeseite ebenfalls ein großes Panoramafenster, das aus vier großformatigen Fenstertafeln zusammengesetzt ist. Doch wird diese großzügige Fensterfläche zu einem nicht unbeträchtlichen Teil von dem Überdach überdeckt: das obere Fünftel etwa liegt in seinem Schatten und zeigt statt eines Ausblicks auf die Landschaft die dunkel gestrichene Unterseite des Dachüberstandes. In ähnlicher Weise ist der Fensterausblick auch an der Unterseite beschnitten: durch die dem Haus vorgelagerte Terrasse, die sich wie eine horizontale Sichtblende in den Sehkegel der Wahrnehmung hineinschiebt. Auf diese Weise liegt der Abhang zwischen Haus und Ufer teilweise im toten Winkel der Terrasse, während ein Großteil des Himmels hinter dem überdimensionierten Dachüberstand verschwindet. [20] Der daraus resultierende Wahrnehmungseffekt erinnert an einen Kinofilm im Cinemascope-Format, der auf dem Bildschirm eines Fernsehers zu einem flachen Bildstreifen in der Mitte schrumpft, der oben und unten durch Blindfelder eingerahmt ist. Das Fenster ist hier also weit mehr als nur ein Fenster, sondern funktioniert letzten Endes als Teil einer ausgeklügelten „Sehmaschine" [21], die den Bewohner des Hauses von der Landschaft distanziert.

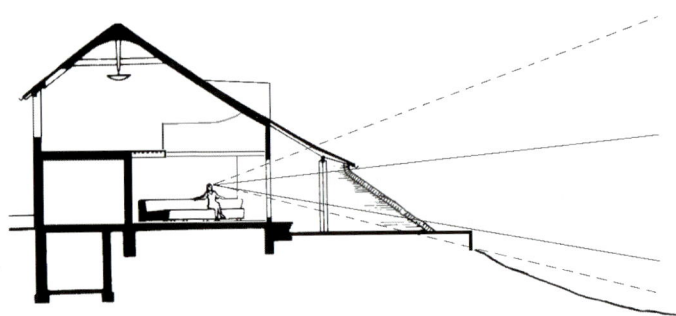

Schnittdiagramm. Die durchgezogenen Linien bezeichnen den realen Sehkegel, die gestrichelten Linien verdeutlichen dagegen den Sehkegel, der sich ohne Über-Dach und Terrasse ergeben würde.

Haus Möller, Originalzustand

Haus Möller, heutiger Zustand

Öffentliche Straße – privater Garten

Diese Distanzierung wirkt zunächst unverständlich, doch erklärt sie sich aus dem besonderen Verhältnis des Hauses zu seinem Kontext, das von der bipolaren Organisation Scharouns bisheriger Häuser (Straße / Garten) entschieden abweicht: als Stadtvillen bespielen Haus Baensch und Haus Moll die Landschaft stets als einen privaten Raum, der von dem Bereich der öffentlich einsehbaren Straße durch das Haus als Schutzschild abgeschirmt wird. Beim Haus Möller hat die Gartenseite jedoch keineswegs einen so eindeutig privaten Charakter, weil das zum Teetzensee hin abfallende Grundstück nicht bis ganz an das Seeufer reicht. In dem übrig bleibenden Streifen zwischen Grundstückszaun und See verläuft ein Spazierweg, von dem aus das Haus sehr wohl einsichtig ist. Im Gegensatz zu heute hatte der Abhang zur Bauzeit, wie zeitgenössische Fotos zeigen, kaum Baumbewuchs – wodurch sowohl die Sicht auf den See vom Haus her als auch die Sicht aufs Haus vom Ufer freier war als heute. Der vom Haus relativ steil abfallende Hang ist also vom Charakter her sehr verschieden im Vergleich zu den intimen Gartenrefugien aus Scharouns früheren Häusern. Im Grunde baut er eine schützende Distanz zwischen Haus und Weg auf und bildet eine räumliche Schwelle zwischen Öffentlichkeit und Privatheit.

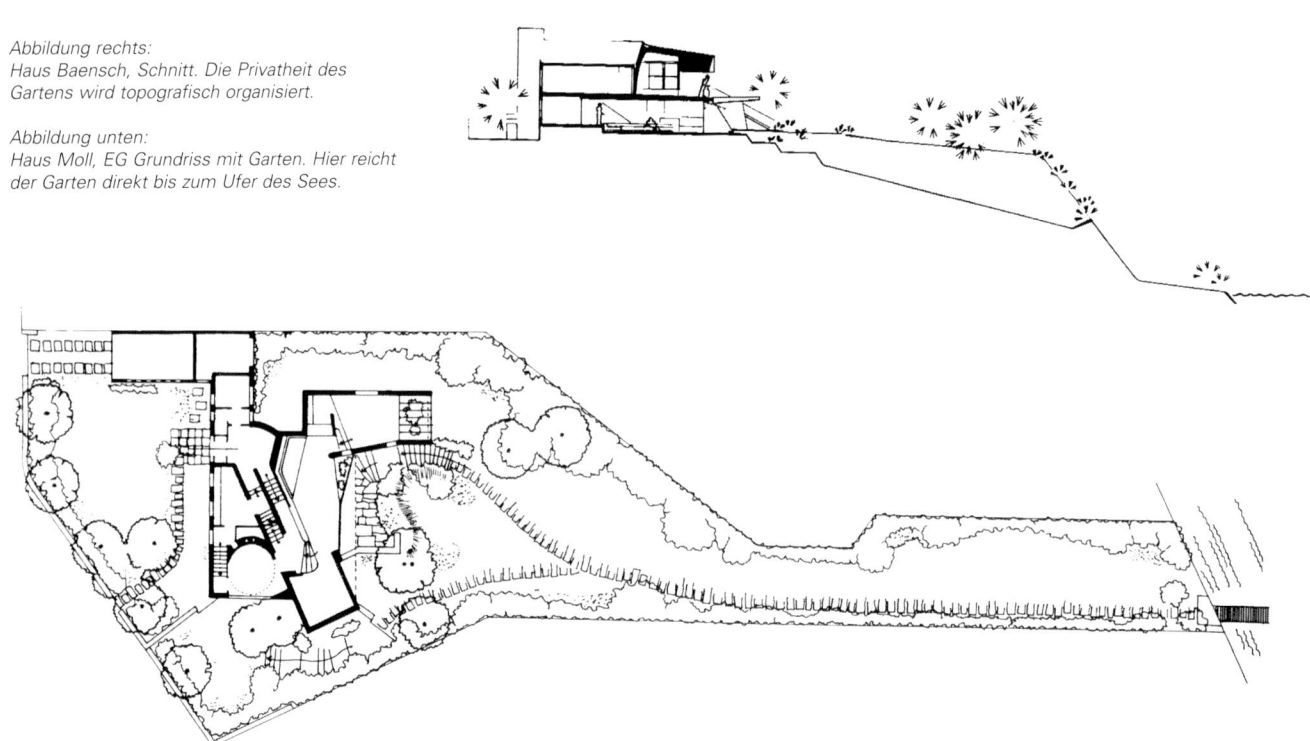

Abbildung rechts:
Haus Baensch, Schnitt. Die Privatheit des Gartens wird topografisch organisiert.

Abbildung unten:
Haus Moll, EG Grundriss mit Garten. Hier reicht der Garten direkt bis zum Ufer des Sees.

22 Diese Bezeichnung ließe sich auf diesen Hybrid aus Bank und Stufe vielleicht noch am besten anwenden. In der italienischen Frührenaissance war der Banksockel eine typische Ausbildung eines Gebäudesockels als umlaufender Steinbank, manchmal auch mit ausgebildeter Rückenlehne (zum Beispiel beim Palazzo Strozzi oder Palazzo Bartolini in Florenz).

Die Terrasse als Schwelle

Damit erklärt sich die Distanzierung des Hauses gegenüber der Landschaft durch das tiefhängende Dach sowie die optisch abgeschirmte Terrasse als eine räumliche Technik Scharouns, um Privatheit zu erzeugen. Diese Deutung verdichtet sich, wenn man den Übergang von der Terrasse ins Innere des Hauses genauer betrachtet. Auf den ersten Blick wirkt der überdachte Teil der Terrasse wie ein eigener Raum, als eine Art räumliches Interludium zwischen der Landschaft und dem eigentlichen Innenraum des Hauses. Ein Eindruck, der besonders durch den Banksockel [22] vor der Fensterfront bestärkt zu werden scheint. Dabei handelt es sich um das auslaufende Endstück des Hausfußbodens, der sich unter der Fensterfront kontinuierlich nach außen fortsetzt und sich zur niedrigeren Terrasse als Stufe abzeichnet. Setzt man sich auf diese Stufenbank, befindet man sich in gewisser Weise also schon im Haus. Denn von der Stufe aus wirkt die Fensterreihe nicht mehr wie die eigentliche Trennung von Innen und Außen, sondern eher wie ein leicht ins Haus zurückversetzter Paravent. Die Holzkonstruktion der Fenster gibt der Fassade zudem eine große Leichtigkeit. Im Gegensatz zu den festen Mauern des Hauses, deren Ziegeloberflächen ein Gefühl von Schwere ausstrahlen, erscheint die Fassade beinahe wie zwischen Dach und Boden eingestellt, und es fällt nicht schwer, sich das Raumkontinuum vorzustellen, das sich ohne sie ergeben würde.

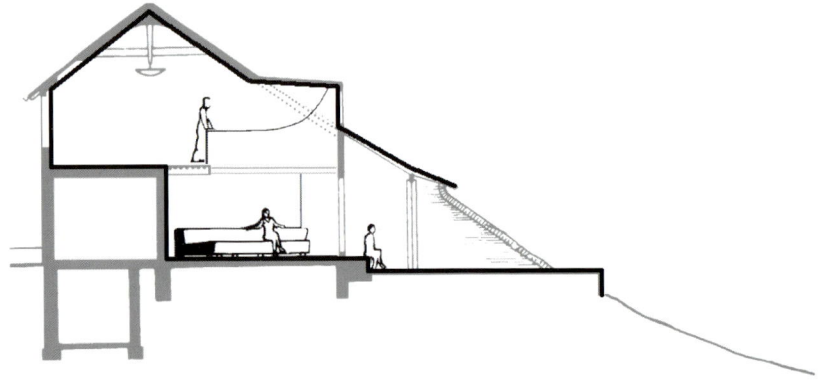

Schnittdiagramm mit der Gesamtheit des als Haus erlebten Raums.

Abbildung oben:
Blick von der Stufenbank zum See

Abbildung unten:
Überdachter Zwischenraum mit Stufenbank vor der Fassade.

23 Le Corbusiers Entdeckung des Dachgartens als fünfte Fassade des modernen Hauses, auf dem der moderne Mensch seinen Frühsport absolvieren kann, ist nur ein Indiz dafür. Doch auch Gemeinschaftsbauten der Moderne zeigen diese symbolische Codierung des Außenraums als Freiraum des Individuums: man denke an die seinerzeit in ganz Europa populären Freiluft-Schulen so wie jene von Marcel Lods und Eugène Beaudoin (1932–36, Suresnes bei Paris) oder die „Eerste Openluchtschool voor het gezonde Kind" von Johannes Duiker und Bernard Bijvoet (Amsterdam, 1927–30). Ein anderes Beispiel ist das Zonnestraal-Sanatorium von Johannes Duiker und Bernard Bijvoet (Hilversum, 1926–31), in dem an Tuberkolose erkrankte Bergarbeiter durch Sonne und frische Luft kuriert werden sollten.

24 Wolf Tegethoff weist daraufhin, dass Mies in seinen ersten beiden Entwürfen einen Zugang zum Garten schlichtweg nicht vorgesehen hatte und erst auf Drängen der Bauherren in letztlich gebauten dritten Entwurf einarbeitete. „Der Betrachter steht nicht in, sondern vor der Landschaft oder, genauer gesagt, vor einem ins Bildhafte verfremdeten Landschaftsausschnitt, der ihm konfrontierend gegenübergestellt ist." Siehe Wolf Tegethoff, *Ein Wohnhaus der Moderne im Spannungsfeld seiner Zeit*, in: Daniela Hammer-Tugendhat / Wolf Tegethoff (Hrsg.), *Ludgwig Mies van der Rohe – Das Haus Tugendhat*. Wien, New York 1998. S. 43–100. Zitat S. 74. Während es Mies letztlich um die „bildhafte Ästhetisierung des Ausblicks" (Tegethoff) geht, strebt Scharoun eine tatsächliche Aktualisierung des Blicks in der körperlichen Raumerfahrung an. Von daher erklärt sich die Sorgfalt, mit der Scharoun die „interne Landschaft" der Geschossebenen des Hauses in die äußere Landschaft des Gartens durch abgestufte Terrassenniveaus fortsetzte.

Avantgarde im Hinterland

Scharoun vollzieht hier eine Raumtransformation, die für die Avantgarde der Zwischenkriegsjahre emblematische Bedeutung hatte. Der Freiraum war auch der freie Raum, und die soziale Vision, die Gesellschaft von den Fesseln vergangener Jahrhunderte zu befreien, wurde in der Architektur häufig durch Freiräume in Gebäuden übersetzt. [23] Die spektakulärste Lösung im Wohnhausbau der Moderne lieferte Mies van der Rohe mit seinem Haus Tugendhat, dessen geschosshohe Fenster sich an der Gartenseite wie Autoscheiben herunterkurbeln ließen. Die dadurch erzielte Verwandlung des Innenraums ist zweifellos atemberaubend: der Wohnbereich verwandelt sich durch die einströmende Außenluft gewissermaßen zu einer in den Körper des Hauses hinein verlagerten Terrasse. Doch lässt die Verflüchtigung der Fassade den Außenraum eher unangetastet, die Öffnung zur Natur bleibt deutlich bildlicher Natur: man steht vor den herunter gelassenen Scheiben des Wohnraums letztlich wie an einem Abgrund, weil es einen direkten Austritt, und damit einen motorisch erfahrbaren Übergang von Innen nach Außen, nicht gibt. Will man in den Garten hinaus, muss man den Wohnbereich seitlich verlassen, um zu der kleinen Terrasse zu gelangen, von der schließlich eine Treppe parallel zur Fensterfront nach unten in den Garten führt – eine sehr konventionelle Erschließung des Gartens also. [24] Scharoun hat im Prinzip dieselbe Intention, aber kann sie nur unter dem Sichtschutz des tarnenden Dachs realisieren. Während Mies die Modernität mit dem technologischen Hochgefühl der Automobilära zelebriert, muss Scharoun sie der stumpfsinnigen Kulturzensur des braunen Zeitgeistes in mühevoller Kleinarbeit erst abtrotzen. Schon diese Leistung ist bemerkenswert. Dass Scharoun dabei jene Grenzaufhebung zwischen Innen und Außen, die bei Mies in der beschriebenen Weise auf der Ebene der Repräsentation verharrt, in eine taktile Erfahrung überführt, gibt darüberhinaus einen erhellenden Einblick in die Reichweite seines architektonischen Denkens.

Abbildungen oben:
Haus Tugendhat

Abbildung unten:
Haus Möller, Originalzustand

Das Außen im Innen

Nach dieser verhaltenen Exposition im Terrassenbereich entfaltet Scharoun sein Thema in der Durchführung im Innern des Hauses nun mit zunehmender Intensität. Das zeigt sich deutlich durch die Verwendung von Außenraum-Materialien auch im Wohnbereich, angefangen beim Fußboden, der flächendeckend mit Ziegelplatten ausgelegt ist. Ihre rauhe keramische Oberfläche markiert den Wohnraum ebenso unmerklich wie eindringlich mit den Eigenschaften eines Außenraums – nicht nur optisch und haptisch, sondern auch funktionell verstanden: denn dadurch kann man das Haus von der Terrasse betreten, ohne die Schuhe ausziehen zu müssen. [25] In seinen bisherigen Wohnhäusern hat Scharoun für den „Aussichtsraum" (so die von Scharoun häufig in Plänen gebrauchte Bezeichnung) dagegen stets Materialien verwendet, die für Innenräume üblich sind: in der Regel Holzfußböden, die zumeist mit Teppichen belegt wurden. In Haus Möller geht es Scharoun also ganz bewusst um einen anderen Raumeindruck. Außer für den Fußboden verwendet er den Ziegel auch noch an ausgewählten Wandpartien: an der geschwungenen Treppenwand zur Empore, der Ofeneinfassung und der Eckstütze zwischen Fensterreihe und Terrassentür – vor allem aber an der tragenden Wandstütze mit der eingesetzten Kopfskulptur von Joachim Utech (Junge Frau, 1934). Scharoun setzt hier die Kohlebrandziegel der Außenwand einfach nach innen fort (lediglich in einer etwas dunkler gebrannten Variante), als begänne das Haus hier noch gar nicht wirklich. Betritt man das Haus von der Seeseite durch die Terassentür, verdichtet sich dieser ambivalente Raumeindruck: man scheint in ein weiteres Außen einzutreten. Auf demselben Niveau wie die Terrasse liegend wirkt die Wintergarten ähnliche Essecke wie eine landschaftliche antichambre, die nur im letzten Augenblick noch unter die Decke des großen Hausdaches geschlüpft ist. Seine wie provisorisch an die gemauerte Außenwand des Hauses angelehnte Holzrahmenkonstruktion lässt sie bisweilen wie einen späteren Anbau aussehen. Die Essecke selbst weckt Assoziationen an nachmittägliches Kaffeetrinken im Garten: man sitzt auf einer leichten Holzlattenbank, die auf dem gemauerten Fenstersockel aufgelegt ist und einen Gartentisch umrahmt, dessen Tischplatte aus glasierten Fliesen besteht. Über zwei Stufen gelangt man zum eigentlichen Wohnbereich. Unterschwellig spürt man, dass man wiederum einen neuen Raum betritt, ohne jedoch das Gefühl zu haben, nun endgültig im Haus anzukommen.

25. In der japanischen Architektur markiert dieses Ritual bekanntlich die eigentliche Schwelle zwischen Innen- und Außenraum, viel mehr als die Fassade, die mit ihren Shoij einen eher provisorischen Abschluss nach außen bietet. Das traditionelle japanische Fenster besteht aus einem Holzgitter, dessen Rasterfelder mit weißem, lichtdurchlässigem Papier beklebt sind (heute zumeist durch Milchglas ersetzt). So gesehen sind die großen Fenstertafeln im Haus Möller dem Shoij eigentlich sehr ähnlich, sowohl in ihrem formalen Aufbau als Sprossenfenster als auch in ihrer Verwendung als „provisorische Fassade". Dass Scharoun für japanische Architektur sehr aufgeschlossen war, ist bekannt (darin anderen modernen Architekten folgend wie Frank Lloyd Wright, Walter Gropius oder vor allem Bruno Taut). Deswegen liegt es nahe, diese Vermittlung von Außen- und Innenraum an der Gartenseite von Haus Möller mit „japanischen Augen" zu lesen. Und unter diesem Gesichtspunkt wird die Tatsache, dass man beim Betreten des Hauses von der Terrasse die Schuhe anlassen kann, zu einem weiteren Indiz für die Außenraum-Verfassung des Wohnraums.

Materialien im EG:

Bodenfläche mit Ziegelplatten

Wandflächen mit Kohlebrandziegel

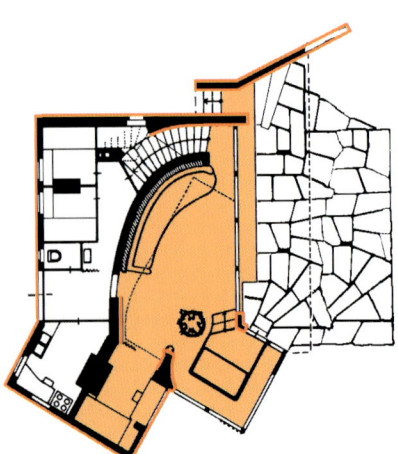

Abbildung oben links:
Haus Moll, Wohnbereich

Abbildung oben rechts:
Haus Baensch, Wohnbereich

Abbildungen unten:
Haus Möller

Alle Bilder zeigen den Originalzustand

26 In anderer Weise versteht auch Paul Sigel, a.a.O. S. 321, diese Bank als eine ins Haus geholte Außenbank, wenn er sie in die Tradition der Exedrabank stellt. (Die Exedra, griech.: abgelegener Sitzplatz, bezeichnet eine mit Sitzen versehene halbkreisförmige Erweiterung an Säulengängen hellenistischer Tempelhöfe und öffentlicher Plätze).

Das Haus im Haus

Wo ist man aber dann? Der Blick fällt auf den im Boden versenkten Pflanztrog, der dem Wohnbereich die atmosphärische Anmutung einer ins Haus transplantierten Freiluftterrasse gibt. In diesem Licht präsentiert sich das geschwungene Sofa vor der Bücherwand als eine interiorisierte Gartenbank [26] unter dem leichten Dachüberstand der Galerieempore darüber. So spekulativ diese These zunächst wirkt, so plausibel wird sie, wenn man das räumlich versetzte Verhältnis von Wohnbereich und Empore mit dem Haus Baensch vergleicht. Die Analogien sind unübersehbar: das konkave Leervolumen des Wohnbereiches im Haus Möller invertiert das konvexe Vollvolumen des gleichen Raumteils im Haus Baensch. In beiden Fällen ist der Wohnbereich von einer freien Ebene überdeckt – im Haus Möller durch die Galerieempore des Atelierbereichs, im Haus Baensch als Freiterrasse vor den Schlafräumen. Und noch eine Gemeinsamkeit fällt auf: in beiden Fällen werden diese beiden Raumteile durch eine horizontale Blendleiste verbunden, die im rechten Bereich in einer fast identischen Weise nach vorn ausknickt.

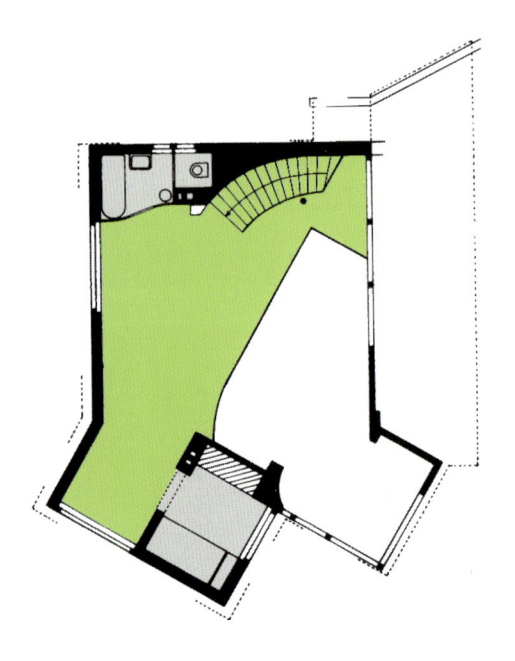

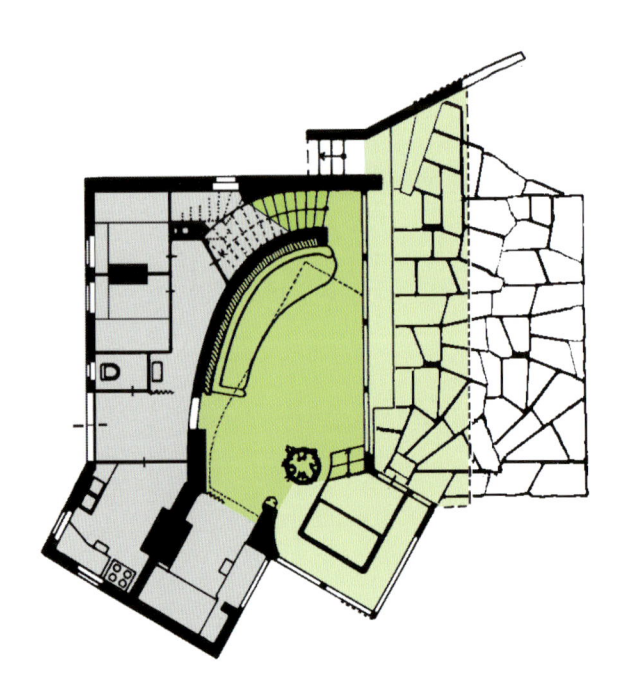

Dass Scharoun sich hier selbst zitiert, ist offenkundig; zu deutlich ist die typologische Isomorphie von Blendleiste, Brüstung und Geländer. Der entscheidende Unterschied ist jedoch, dass jene Blendleiste, die im Haus Baensch genau die Grenze zwischen Innen und Außen markiert, im Haus Möller nun mitten im Binnenraum des Hauses wieder auftaucht und es damit quasi in ein offenes und ein festes Haus unterteilt. Der Wohnbereich ist letzten Endes eine entre-chambre zwischen Natur und Haus. Jene Linie, die den Grundriss des Hauses mit ihrer schrägen Ausrichtung so dominant prägt, repräsentiert gleichsam seine „innere Fassade". Erst jenseits von ihr verwandelt sich das Haus zum Innenraum, das allerdings gleich auf zwei Ebenen: im Erdgeschoss erschließt die Holztür zwischen Bücherregal und Ofen den Raum jenseits der geschwungenen Sofawand, wo die Schlaf- und Wirtschaftsräume pragmatisch kompakt angeordnet sind. Doch eingeschlossen zwischen festen Mauern liegt dieser Innenraum gleichsam im „Hinterland" der Erfahrung, ohne in das räumliche Geschehen des Hauses wirklich eingreifen zu können.

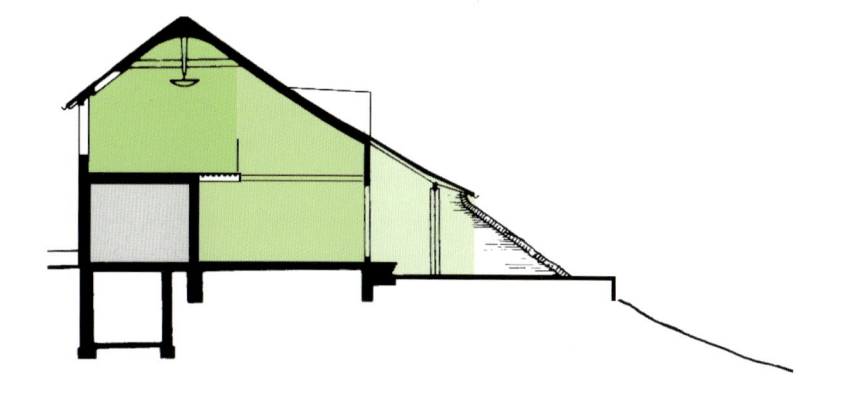

Grundrisse OG, EG und Schnitt. Abstufungen von Innen und Außen:

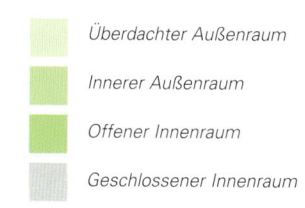

Überdachter Außenraum

Innerer Außenraum

Offener Innenraum

Geschlossener Innenraum

Haus Baensch. Abtreppung der Außenräume auf
der Gartenseite

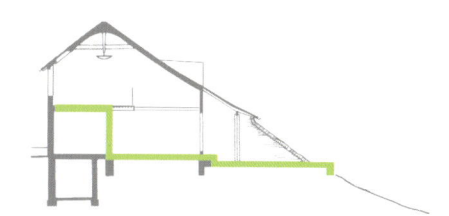

Die dreifach gestufte Terrassierung folgt im Grundsatz der Anlage von Haus Baensch; jedoch ist sie beim Haus Möller so nach innen geschoben, dass die Terrasse unter das Dach des Hauses rückt.

27 Eine ähnliche Verräumlichung von Bewegung hat Klaus Kürvers an Scharouns Haus auf der Weißenhofsiedlung von 1927 identifiziert (siehe Klaus Kürvers, a.a.O. S. 78). Den sich nach außen deutlich abbildenden Treppenlauf führt Kürvers interessanterweise auf die Viertelkreis-Wendeltreppen der doppelgeschossigen Omnibusse zurück, wie sie seit 1925 das Berliner Stadtbild prägten.

28 Das Haus beginnt damit in gewisser Weise noch einmal von vorn, seine sequenzielle Entwicklung wird kurz angehalten, um darauf in einer verwandten, aber doch neuen Weise weiterzulaufen. Diese Struktur erinnert stark an Alfred Hitchcocks klassischem Psychothriller „Vertigo" (1958), in dem die Geschichte nach dem vorgetäuschten Selbstmord der von Kim Novak gespielten Madelaine Elster noch einmal völlig neu aufgerollt wird. James Stewart als Detektiv Scottie, der sie beschatten sollte, sich dabei aber in sie verliebt, kann sie nicht vergessen und verfällt in Depression, bis er eines Tages Madelaine auf der Straße wiedersieht. Doch diesmal als Judy, die Frau, die sie wirklich ist, und nicht mehr mit blond gefärbten Haaren, sondern in ihren natürlichen brünetten Farben. Dass sie auch Madelaine war, weiß er noch nicht. Aber in seiner Obsession, Judy der toten Geliebten immer ähnlicher werden zu lassen, sie gewissermaßen in sie „rückzuverwandeln", stößt Scottie schließlich mit Entsetzen auf ihre wahre Identität. So wie in Hitchcocks Film dieselbe Frau zweimal vorkommt, lässt auch Scharoun sein Haus zweimal auftreten: zunächst als „überdachten Außenraum" und danach als den wirklichen Innenraum. Das Intervall zwischen beiden Phasen wird sowohl im Film als auch im Haus durch eine Abwesenheit ausgefüllt: im Film ist es die Depression Scotties, während der er die Außenwelt nicht mehr wahr nimmt, weil er vom Schmerz über Madelaines Verlust überwältigt ist; im Haus Scharouns übernimmt der aufwärts steigende „Tunnel" der Treppe diese Funktion, in dem der Bewohner von der Außenwelt ebenfalls temporär abgeschottet ist, um daraufhin in de neuen Raumwelt des „Inneren Hauses" wieder aufzutauchen.

Offener Innenraum

Der wirklich erfahrbare Innenraum des Hauses ist dagegen so sichtbar, dass man ihn zunächst gar nicht als solchen erkennt. Geschickt lenkt er von sich ab, indem er sich vom „überdachten Außenraum" des Wohnbereichs nicht abgrenzt, sondern ihn auf der Empore einfach fortzusetzen scheint – ein Meisterstück räumlicher Täuschung. Der Kunstgriff, mit dem Scharoun die Galerie tatsächlich zu einem Innenraum macht, ist ihre Erschließung über die hinter der Sofawand verborgene Treppe. Mehr noch als um eine Treppe handelt es sich dabei um einen Treppen-Raum: ein Volumen, das durch die Bewegung des Treppensteigens aus der kompakten Masse des Hauses herausgeschnitten scheint und einen gleichsam körperlich umschließt und in Empfang nimmt. [27] Zum ersten Mal wechselt Scharoun hier das Bodenmaterial: anders als der harte Ziegel geben die hölzernen Stufen dem Druck der Füße leicht nach, ein taktiles Signal, das den Gang noch langsamer werden lässt, als er durch die Steigung der Treppe schon ist. Das übrige Haus ist plötzlich weit weg, ausgeblendet in der Spannung dieses Raumes, der noch nicht preisgibt, wohin er führt. Mit einem Wort: Scharoun hat diesem gekurvten Hohlraum alle psychologischen Attribute einer Diele gegeben, durch die er den Bewohner quasi zum zweiten Mal ins Haus eintreten lässt. [28] Begibt man sich in den halbgeschlossenen Schachtraum der Treppe, scheint man vom erdgeschossigen Wohnbereich aus gesehen für kurze Zeit zu verschwinden. Ein szenografischer Zaubertrick Scharouns, durch den das Ankommen auf der Empore Sekunden später um so stärker als räumliches Ereignis für die unten Gebliebenen inszeniert wird. Doch für den oben Ankommenden gilt das Gleiche. Fast scheint der Blick von der Empore ein anderes Haus einzufangen. Erst jetzt wird das Dachvolumen in seiner Gänze sichtbar, genauso wie die Durchblicke durch die Gaupe sowie das bildartig gerahmte Fenster vor dem Zimmer der Dame unerwartete Landschaftsbezüge eröffnen. Noch viel überraschender wirkt die Wohnlandschaft des Erdgeschosses. In der Aufsicht von der Empore scheint sich der Raum zu weiten, was sich teilweise aus der tieferen Lage des Essbereichs erklärt. Denn dadurch wächst die maximale Distanz, die der Blick im Haus ungehindert durchmessen kann.

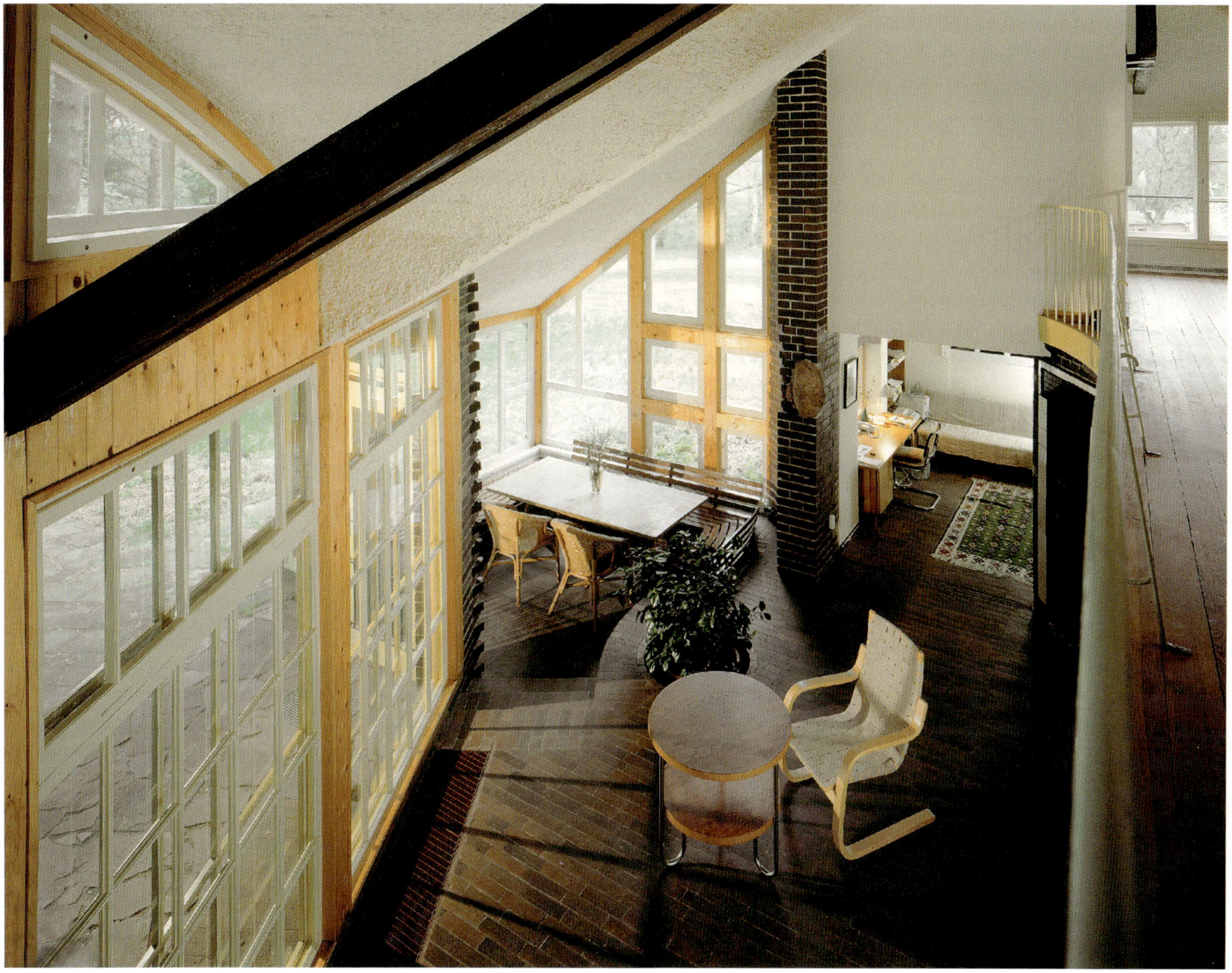

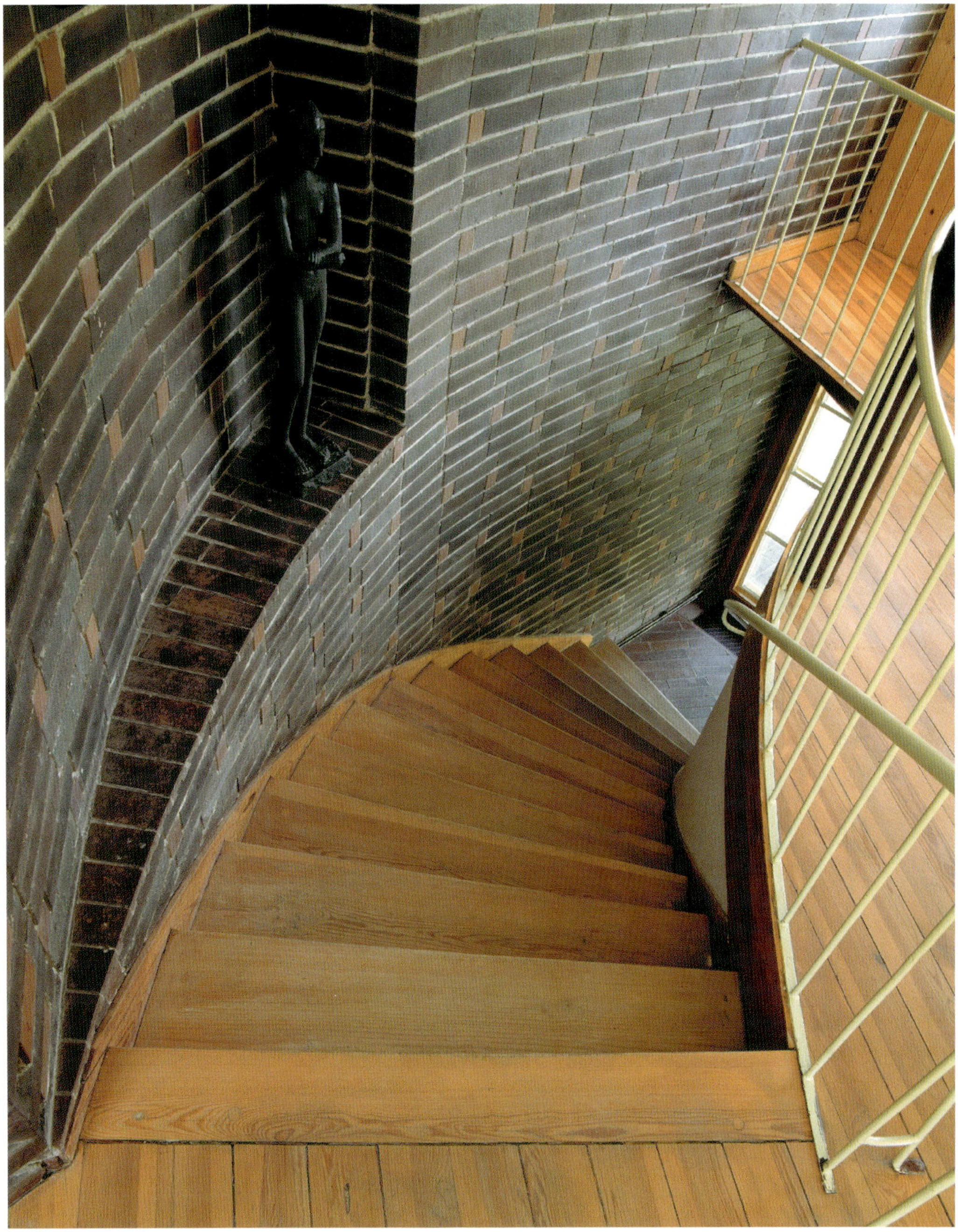

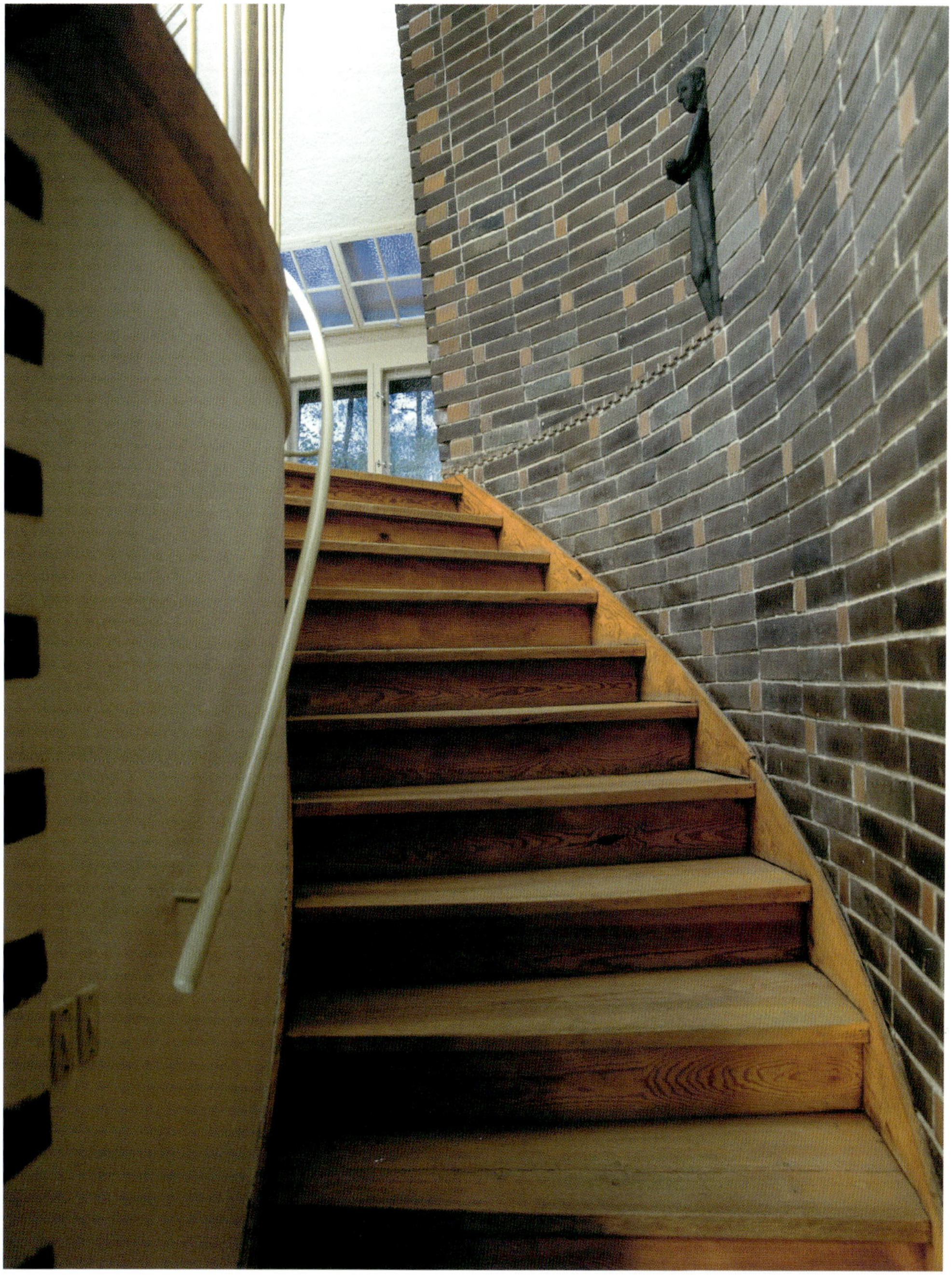

Wohnen als innere Emigration
Betrachtet man diese wundersame Raumvermehrung nun im Zusammenhang mit dem ambivalenten Charakter des Außen-Innenraums des Hauses, bestätigen sich die Vermutungen aus der Analyse seines Außenraumverhaltens: weil das Haus Möller keinen wirklichen privaten Außenraum hat (auch und gerade an der Seeseite nicht), erzeugt Scharoun im Innern des Hauses einen geschützten Außenraum. In dieser Rückzugsbewegung reflektiert sich unmissverständlich die Verschärfung des geistigen und politischen Klimas der damaligen Jahre, wie sie Scharoun und Möller in der geschilderten Ablehnung des ersten Bauantrags zu spüren bekamen. Konnte der Garten bisher noch als letztes Refugium des Privaten gelten (Haus Baensch und Haus Moll), so erscheint er inzwischen ebenso von der gesellschaftlichen Kontrolle der Nazis vereinnahmt wie der öffentliche Raum. In Haus Möller zieht Scharoun daraus Konsequenzen und verlagert das Aussen ebenfalls in die „Innere Emigration". Nur so erklärt sich das Paradox, dass Scharoun den Erdgeschossbereich von Haus Möller einerseits mit typischen Innenraumfunktionen programmiert, ihn andererseits aber atmosphärisch als Außenraum ausstattet. War das Wohnhaus bisher der räumliche Ausgangspunkt für die alltäglichen Aktivitäten des Lebens im Raum der Gesellschaft, so wird es mit Haus Möller tendenziell zu einer symbolischen Ersatzwirklichkeit für den Lebensalltag insgesamt, weil die Lebenswelt „da draußen" immer feindlichere Züge annimmt. Als sich Ferdinand Möller 1937 entschließt, seinen Lebensmittelpunkt von Berlin nach Zermützel zu verlagern, ist er entschlossen, sich vom gesellschaftlichen Leben zurück zu ziehen. Die zunehmende Propagandahetze gegen die „entartete Kunst" macht es unmöglich, seinen Galeriebetrieb in gewohnter Weise fortzuführen. Wie Scharoun hofft Möller, dass der braune Spuk in nicht allzu weiter Ferne aufhören werde. Durch die Ablehnung des Bauantrags von Haus Möller I wird dieser komplette Rückzug vereitelt, und so vollzieht ihn Scharoun mit dem an seiner statt gebauten Sommerhaus auf architektonische Weise.

Vom Ort zum Raum
Interessanterweise kommt die Raumauffassung, die Scharoun rückblickend für den ersten Entwurf angeführt hatte, hier überhaupt erst richtig zur Entfaltung: nämlich Orte so „einzuräumen", dass sich der Raum „aus den Bezügen der Orte untereinander und aus den Bezügen der Orte zur Umwelt" ergibt. Diese Orte sind im wesentlichen identisch mit den Funktionen des Hauses – die Essecke, das Kontemplationssofa, das

Zimmer des Herrn, das Atelier auf der Empore ebenso wie die Terrasse. Sucht man sie im gebauten Haus auf, wird man feststellen, dass in der Tat jeder Ort immer auf einen bestimmten Aspekt der Umwelt als auch auf alle anderen Orte im Haus bezogen ist. Abhängig von seiner jeweiligen Lage im Haus definiert sich jeder Ort dabei durch ein genau ausgewogenes Verhältnis von Innen- und Außeneindrücken. Mal ist die abgeschlossene Innenwelt des alles überspannenden Daches prägender für die Wahrnehmung, mal ist es umgekehrt die Präsenz der äußeren Natur. Die Atelierempore ist ein Beispiel für den ersten Fall: von ihrer erhöhten Perspektive erlebt man primär die zeltartige Umhüllung des Daches; die Außenwelt ist zwar in mehreren Fensterausblicken präsent, wirkt durch die bildartige Rahmung aber eher entrückt. Den zweiten Fall erlebt man besonders in der Essecke: fast sitzt man hier schon draußen, in der Tat befindet man sich auf dem Niveau der Terrasse, was auch für die Raumtemperatur gilt, die hier mehr dem Außenraum entspricht. Scharoun hat die Wände des Wintergartens mit einem Maximum an Fensterfläche ausgestattet und nährt damit die Empfindung, sich eigentlich schon im Freien aufzuhalten, auch wenn man immer noch unter dem Dach des Hauses sitzt.

Diese ambivalente Position im clair-obscur zwischen Innen und Außen kommt dann besonders zum Tragen, wenn man mit dem Rücken zum Außen in der Essecke sitzt. Die Landschaft vor dem Haus sehr wohl hinter sich spürend scheint man in die sich wie eine Blume öffnende Räumlichkeit des Hauses förmlich eintauchen zu können, weil man zu dessen verschiedenen Orten in direkter visueller Verbindung steht: das Sofa in der Raummitte, Ein- und Ausgang der verborgenen Treppe sowie der Raum der Empore. Bei aller räumlichen Introvertiertheit wirkt das Atelier auf der Empore dennoch nicht abgetrennt vom Wohnbereich. Von seiner balkonartig erhöhten Position aus eröffnet sich im Gegenteil eine permanente Überschau, die dank der hohen Fensterfelder teilweise auch den Freiraum der Terrasse vor dem Haus mit einschließt. Explizit wird diese Selbstbeobachtung des Hauses in dem Sitzplatz auf der Empore unter der Fledermausgaupe. Letztlich unterscheidet sich der Blick durch das Fenster auf die Natur nicht grundsätzlich von dem Blick in das Haus: beide Male schaut man in die Welt, ohne konkreten Fokus, sondern einfach, um an der Welt teilzunehmen. Dasselbe gilt auch für den Blick vom Zimmer des Herrn. Die konzentrierte Tätigkeit am Schreibtisch ist mit der Welt durch zwei Blicke verbunden: der Blick aus dem Fenster und der Blick auf die innere Welt des Wohnbereichs vom Sofa bis unter das Dach.

Abbildung oben:
Blick vom Zimmer des Herrn (1)

Abbildung rechts:
Blick vom Sofa (2)

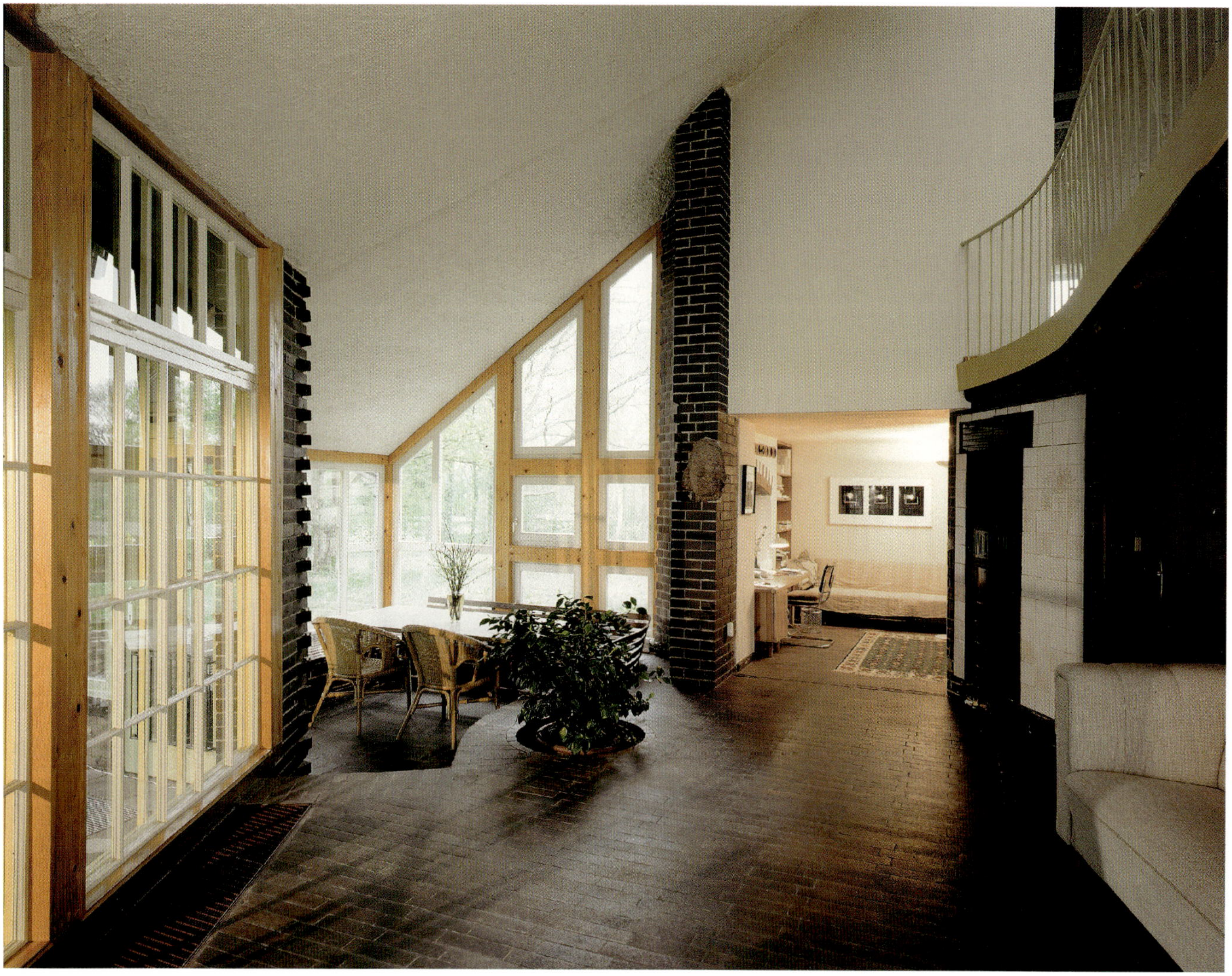

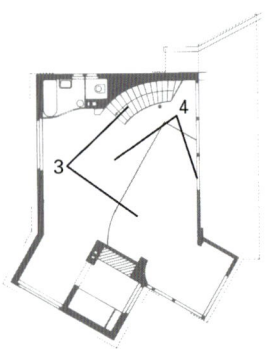

Abbildung oben:
Blick von der Empore (3)

Abbildung rechts:
Blick vom Sitzplatz unter der Gaupe (4)

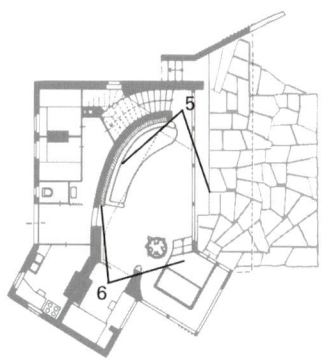

Abbildung Seite 54:
Blick vom Fuß der Treppe (5). Originalzustand, am Tisch Ferdinand Möller und Hans Scharoun.

Abbildung Seite 55:
Blick vom Zimmer des Herrn (6). Originalzustand, auf dem Sofa sitzend Frau Maria Möller-Garny.

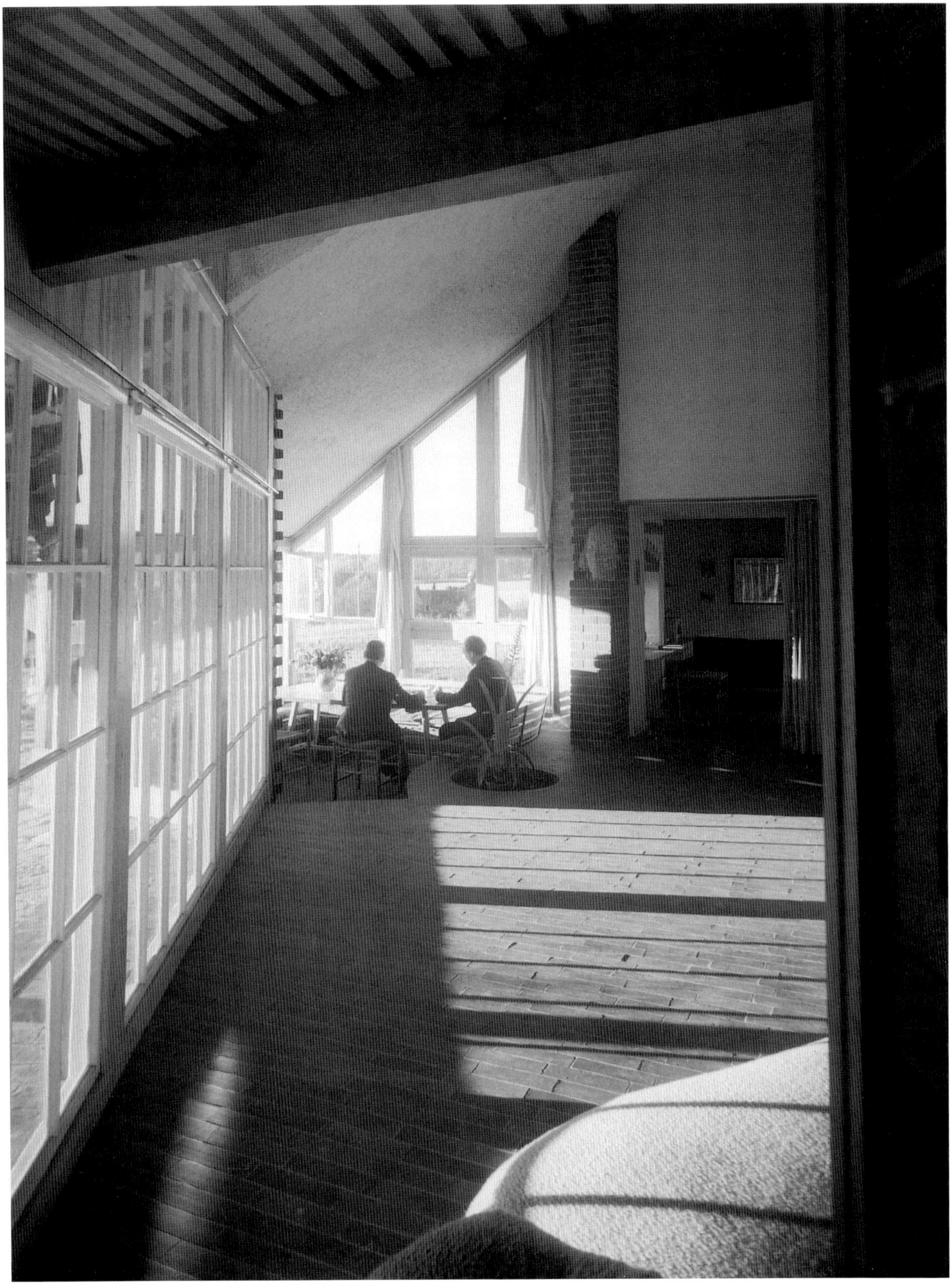

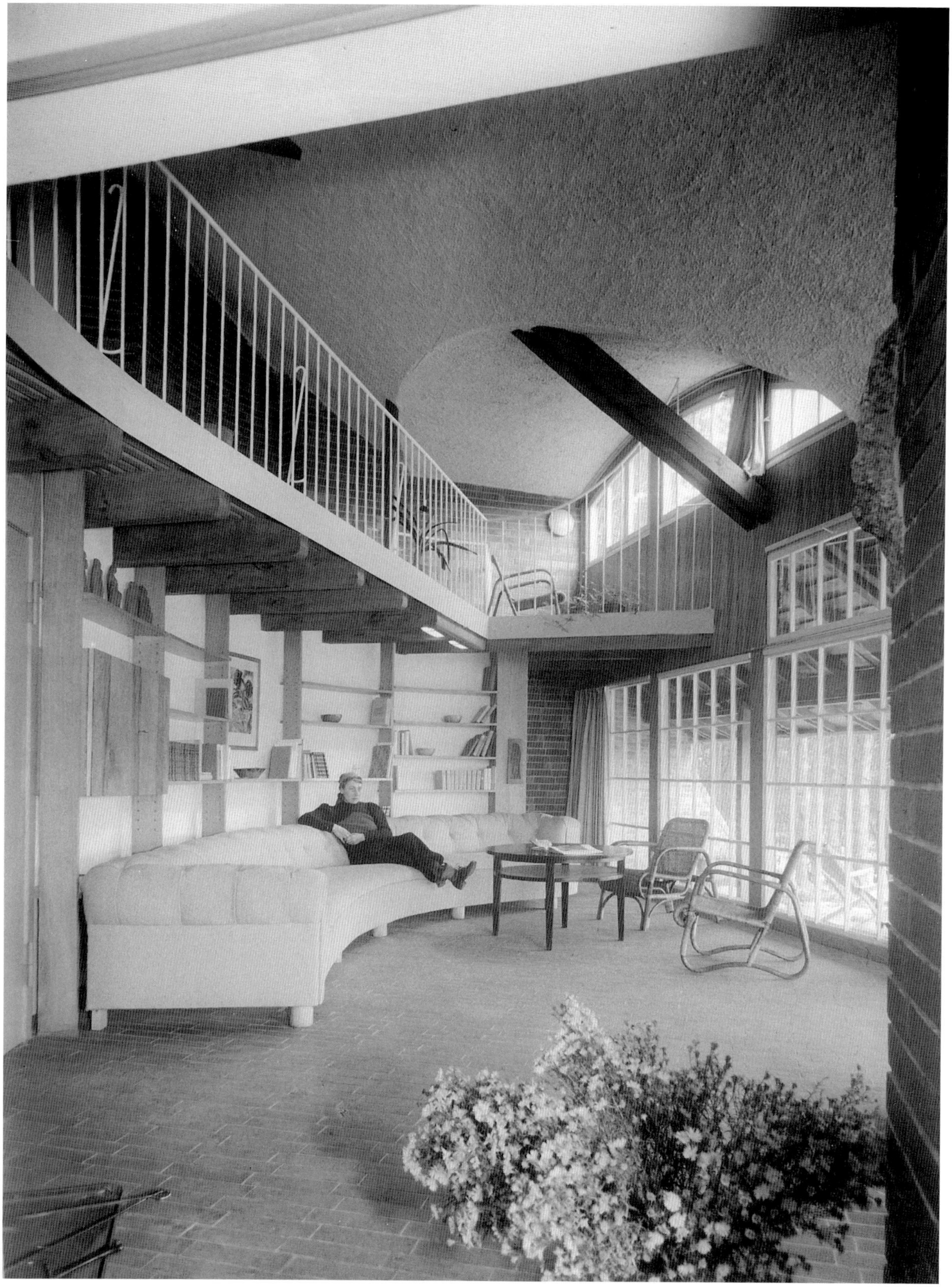

*Abbildungen von links nach rechts:
EG Haus Mattern, EG Haus Baensch,
OG Haus Möller, EG Haus Möller,
Überlagerung EG+OG Haus Möller*

Verteilung der Funktionen:

- Musischer Bereich
- Kinderzimmer
- Aussichtsplatz
- Essplatz
- Arbeitsplatz
- Außenterrasse

Das Haus als Welt

Die im Haus verteilten Orte erzeugen somit über ihre sich überlagernden und durchdringenden Perspektiven ein räumliches Beziehungsnetz, das die Innenwelt des Hauses ebenso zum Objekt der für Scharoun typischen kontemplativen Wahrnehmung macht wie die äußere Natur vor dem Haus. Bisher waren Scharouns Häuser vornehmlich diesem sehnsuchtsvollen Blick nach außen verpflichtet, nun aber wird auch die innerhäusliche Sphäre mit demselben Wahrnehmungsaufwand bedacht. Im Rückzug von der äußeren Welt wird der Innenraum des Hauses zu einer eigenen Welt, die sich für ihre Bewohner durch das Ausleben der komplexen Raumbezüge der Architektur konstituiert. Aber da jeder Ort im Haus immer auch mit mindestens einem Außenort verbunden ist, wird der Aufenthalt im Haus nie zu einer klaustrophobischen Erfahrung.

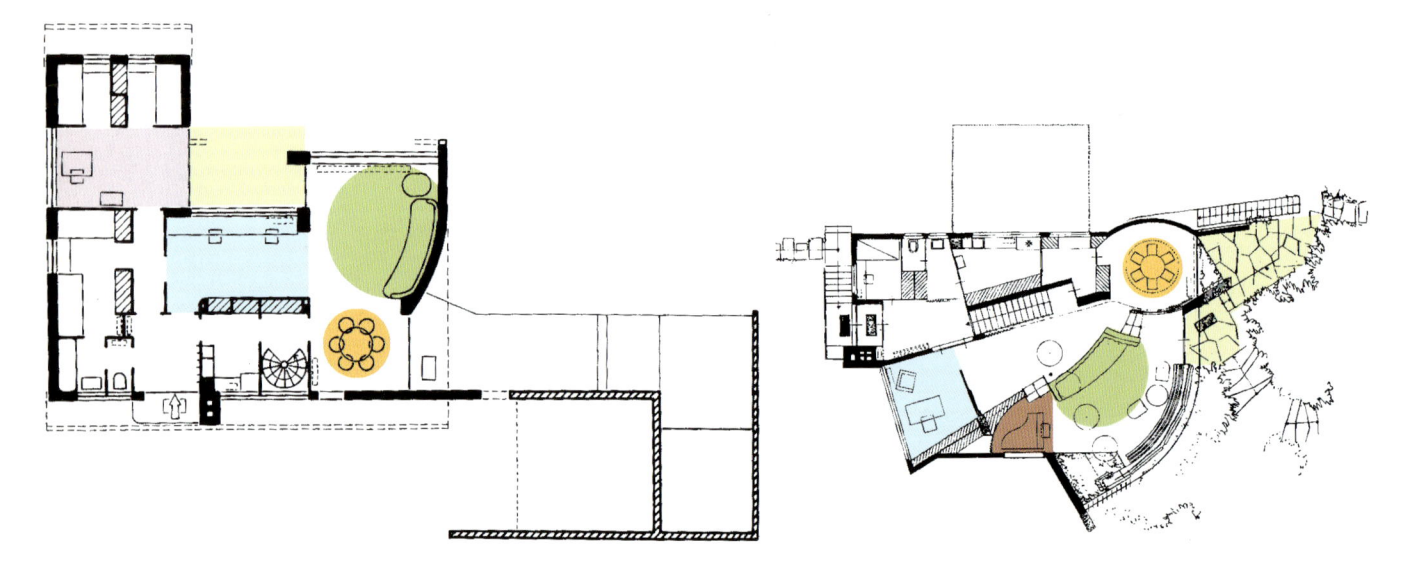

Eine derartige Vernetzung von Innen- und Außenwelt stellt in Scharouns Wohnhausœuvre eine neue Qualität dar. Im Haus Baensch zum Beispiel sind zwar alle Orte jeweils für sich auf die Natur bezogen, im Haus selbst bleiben sie jedoch eher auf sich selbst verwiesen. Auch wenn sie größtenteils im selben Raum angeordnet sind, treten die einzelnen Wohnvorgänge bei ihrer Ausübung kaum in performative Wechselwirkungen, sondern finden im wesentlichen für sich statt: beim Klavierspielen sitzt man mit dem Rücken zum Raum, das Essen ist in eine abteilbare Ecke ausgelagert, und auch bei der Naturbetrachtung vom Sofa bleibt der übrige Raum größtenteils außen vor. Im Haus Moll hat Scharoun nahezu für jeden Bestandteil des Raumprogramms ein separates Niveau geschaffen; die Wohnvorgänge scheinen dadurch, zugespitzt formuliert, fast voneinander weg zu streben. Das Haus, das der innenräumlichen Verflechtung von Haus Möller noch am ehesten nahe kommt, ist das kleine Haus Mattern. Anders als in den beiden zuvor genannten Häusern ist hier das geschwungene Sofa nicht direkt nach außen orientiert, sondern zeigt eigentlich zum Rauminnern. Daher entfaltet es ein komplexeres Panorama, das vom Esstisch über die Küchenzeile zum Doppelschreibtisch mit Bücherfenster bis zum Gartenausblick durch das große Fenster reicht. Durch die transparente Terrassentür ergibt sich zusätzlich eine Blickachse aus dem Haus heraus zum Kinderspielplatz vor dem Schreibtischfenster und wieder ins Haus hinein zum nach hinten versetzten Kinderzimmer.

Im Haus Möller transponiert Scharoun diese Raumbezüge von der Eingeschossigkeit des Hauses Mattern in die dritte Dimension, spannt Blickachsen über Etagen hinweg und erzeugt vertikale und diagonale Verbindungen. Deswegen kann im Haus Möller eigentlich keine Funktion ausgeübt werden, ohne in Beziehung mit mindestens einer anderen zu treten.

Das Sofa als Angelpunkt

Das Sofa nimmt in diesem räumlichen Beziehungsgefüge eine besondere Position ein. Mit seiner konkav geschwungenen Form hält es den Raum zusammen und erzeugt gleichzeitig eine natürliche Gesprächssituation. Insofern ist es nicht nur ein Kontemplations- sondern auch ein Konversationssofa – im Gegensatz zum Sofa im Haus Baensch, das konvex ausschwingt und damit die auf ihm Sitzenden tendenziell voneinander weg orientiert. Da die promenade architecturale zwischen Erdgeschoss und Empore am Sofa vorbeiführt, ist es fast immer im Blickfeld. Auch ist es gemessen an der Gesamtgröße des Hauses das größte Sofa von allen Häusern Scharouns. Vor allem aber scheint es nicht in das fertige Haus hineingestellt worden zu sein (wie es noch im Landhaus Schminke der Fall ist). Das Haus wirkt vielmehr um das Sofa herumgebaut. Insofern ist das Sofa über seine praktische Bedeutung als Möbel hinaus ein raumerzeugendes Element, das die Identität des Hauses entscheidend bestimmt.

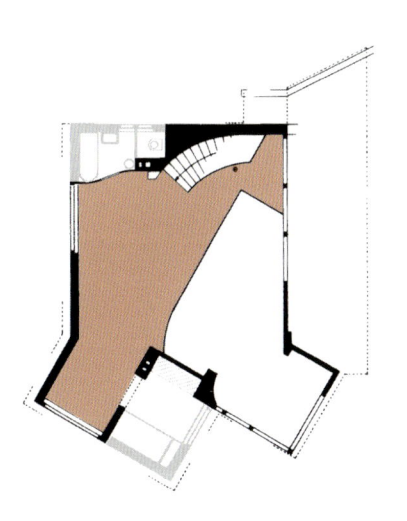

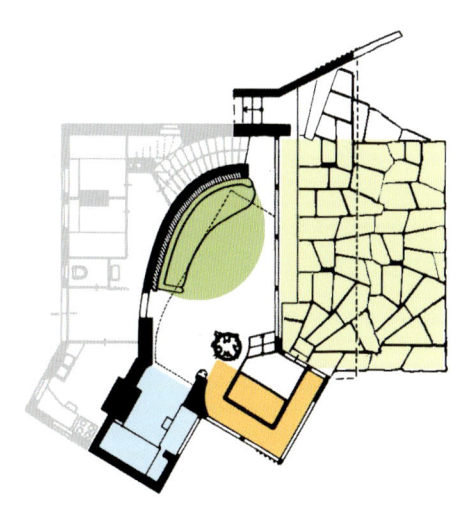

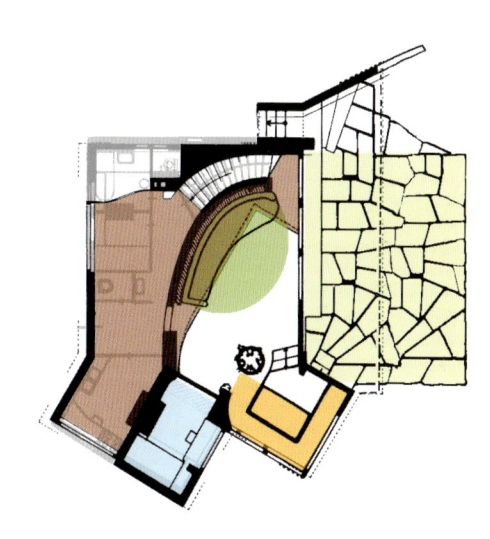

Hans Scharouns Haus für die Weißenhof-Ausstellung 1927. Eingang mit nach rechts ausschwingender Treppe, die sich skulptural nach außen abbildet.

Deckel und Topf

Diese Stimmigkeit der inneren Beziehungen stellt eine der besonderen Qualitäten von Haus Möller dar. Der ruhige Fluss der Bewegung durch das Haus erzeugt ein geschmeidiges Raumkontinuum, das sich von der Terrasse über den Wohnbereich bis zur Empore schwingt. Doch wird diese Kohärenz des Ganzen durch eine Reihe von Dissonanzen gestört, je näher man dem oberen Raumabschluss des Hauses kommt. Das Dach wirkt in der Tat wie von oben aufgesetzt und stößt teilweise hart auf die von unten kommenden vertikalen Elemente. Das zeigt sich deutlich an der geschwungenen Ziegelwand des Treppenraums, die sich mit aller Macht gegen die Last des Daches zu stemmen scheint. Das räumlich anschließende Badezimmer kann sich gegen die Dachschräge kaum mehr behaupten, so dass ihm seine äußere Ecke fast amputiert wird, während über seiner Innenseite ein ungenutzter Luftraum übrig bleibt. Letztlich werden die Anschlüsse nicht als solche artikuliert, sondern prallen bisweilen hart aufeinander.

Diese Kollisionen sind zu deutlich, als dass es sich dabei um Zufälle handeln könnte. Es gibt einen offenkundigen Bruch zwischen der inneren Räumlichkeit der Aktionsebenen und dem förmlich darüber gestülpten Dach. Ein Bruch, der für Scharoun mehr als ungewöhnlich ist. Seit den späten zwanziger Jahren arbeitet er daran, die äußere Form des Hauses aus seinem Innenraum hervorgehen zu lassen – als ein Wachsen des Raumgebildes von innen nach außen, ganz nach dem Vorbild der Natur. Bereits sein Haus auf der Weißenhof-Ausstellung 1927 mit dem nach außen abgebildeten Treppenraum, der aus der generellen Kubatur des Hauses demonstrativ ausschert, lässt dieses Bestreben deutlich erkennen. In seinem Spätwerk wird er sich dieser Verschmelzung erst recht widmen. Doch in Scharouns Häusern der dreißiger Jahre ist diese symbiotische Beziehung zwischen Innen und Außen fühlbar außer Kraft gesetzt. Während sich dieses Auseinanderklaffen bisher immer außen an der Fassade abzeichnet (in der am Haus Baensch und Moll beobachteten Dialektik zwischen Straßen- und Gartenseite), so trägt Scharoun diesen Konflikt in Zermützel erstmals im Innern des Hauses aus. Dieses Dach ist nicht die organische Vollendung des Raumes darunter, sondern ein diesem offenkundig von außen aufgezwungener Raumabschluss. Vor diesem Hintergrund erklärt sich auch ein normalerweise eher unmotivierter Materialwechsel wie der vom glatten Putz der Wände zu dem groben Spritzputz der Decke, die mit ihrer rauhen Textur das ansonsten intime Interieur spürbar aus der Ruhe bringt. Sucht man nach der typologischen Herkunft dieses Spritzputzes, wird man in den Bauernhäusern der Gegend fündig. Ins Haus Möller importiert, erzeugt er eine ostentativ rustikale Atmosphäre, die

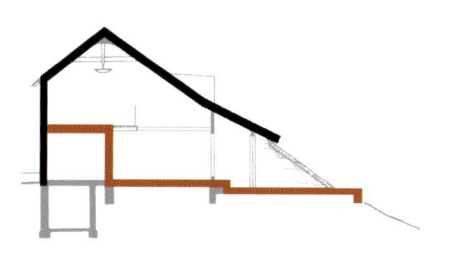

Abbildung oben:
Schnittdiagramm. (Braun: inneres Haus, Schwarz: äußeres Haus)

Abbildung links oben:
Blick vom Zimmer der Dame zur Treppe

Abbildung links unten:
Blick von der Treppe zum Zimmer der Dame

29 Grundsätzlich ist das Dachtragwerk von einem Widerspruch zwischen atmosphärischer Ästhetik und statischer Funktionalität charakterisiert. Lässt sich die auffällige Unterzugskonstruktion im Zentrum der Empore noch dadurch erklären, dass die Empore auf diese Weise stützenfrei bleibt, so wirkt das liegende Balken-F am Zimmer der Dame offensichtlich überinstrumentiert. Der statische Grund für diese Konstruktion liegt darin, dass der in der Wand befindliche Schornstein keine Dachlasten tragen darf. Doch hätte die daraus bedingte Lastumleitung sicherlich auch anders realisiert werden können. Wenn man bedenkt, dass dasselbe Balken-F sich auch noch an der Zimmerseite der Wand befindet, wird klar, dass Scharoun vorrangig an diesem atmosphärischen Effekt interessiert war.

30 Durch den 1943–44 angesetzten Anbau geht die satirische Spitze dieses Details heute etwas unter. Natürlich stellt sich die Frage, ob diese ausladende Gaupe ein Indiz dafür wäre, dass Scharoun das Sommerhaus in einer zweiten Bauphase zu einem größeren Haus umbauen und erweitern wollte. Dafür finden sich jedoch nicht nur in den Planunterlagen keine sicheren Hinweise. Vor allem wäre diese Lösung rein konstruktiv sehr unwahrscheinlich, denn dafür hätte die tragende Außenwand hinter der Emporentreppe abgetragen werden müssen. In einem solchen Fall hätte man diese Wand jedoch nicht als Massivwand ausgeführt, sondern eher als Stützenkonstruktion mit ausgefachten Füllfeldern, die für die Erweiterung wieder hätten entnommen werden können. Alles spricht dafür, dass Scharoun das Haus Möller als abgeschlossenes Werk betrachtet hat. Der Anbau ist deshalb als zeitlich und architektonisch eigenständiger Bau, der mit seiner Dachgestaltung zwar sensibel an das Haupthaus anschließt, aber ansonsten von ihm komplett unabhängig ist, zu verstehen. Seine architektonische Analyse und Würdigung müsste deswegen auch in einer eigenen Studie unternommen werden.

Haus Möller, 2. Bauantrag, Gartenansicht und Eingangsansicht. In letzterer lässt Scharoun dezent das Blindfeld der Gaupe verschwinden und suggeriert einen ganz anderen Abschluss.

auch in der kruden Archaik der freiliegenden Dachbalken wieder anklingt. [29] Wenn man sich vergegenwärtigt, dass es keine zehn Jahre zurück liegt, dass Scharoun im Haus Schminke ein Stahltragwerk anwandte und mit der als „Schiffskommandobrücke" ausgeformten Terrassenschichtung ein Bekenntnis zum technologischen Fortschritt der Moderne ablegte, kann man die rustikale Metaphorik im Haus Möller schwerlich als positiven Ausdruck einer ästhetischen Überzeugung verstehen, zumal Scharoun seine architektonischen Sticheleien wohldosiert an der Fassade fortsetzt.

Kritik als Verzerrung der Norm
Allein die Fensterverteilung wirkt wie eine Karikatur. Statt die Fenster der Empore ausgeglichen auf der Fassade und allseits von Mauerwerk umflossen zu platzieren, setzt Scharoun sie direkt unter die Dachtraufe. Innen brauchen die Fenster diese Höhe, um im Verhältnis zum ausgehöhlten Dachraum nicht zu tiefliegend zu wirken, doch nach außen geben sie ein Bild von Enge und Gedrängtheit. Genauso wenig zufällig wirkt die Abknickung des Sturzbogens über der Eingangstür an seinem rechten Aufsatzpunkt – architektonisch gesehen eine Contradictio in adjecto, denn durch den Knick wird der weiche Schwung des Bogens ja konterkariert. Ähnliches gilt für den Sturzbogen über dem Fenster am Zimmer des Herrn, der an seiner rechten Ecke brachial von der angesetzten Holzbalkenkonstruktion der Essecke abgeschnitten wird, die den beiden Fenstern hier überhaupt stark zu Leibe rückt. Dass es Scharoun hier wirklich darum geht, das Absurde ins Werk zu setzen, tritt schließlich an der Fledermausgaupe zu Tage, deren rechter Zwickel ein Blindfeld ist. Dahinter verbirgt sich nicht etwa ein verborgener Raum, sondern schlicht und einfach nichts, wie man beim Gang ums Haus verblüfft feststellen wird. Auf dem Bauantrag bekommt dieses Detail den Charakter einer Persiflage: eine Gaupe, die in die Luft hineinragt und eine eigene Wand zur Lastabtragung benötigt. [30]

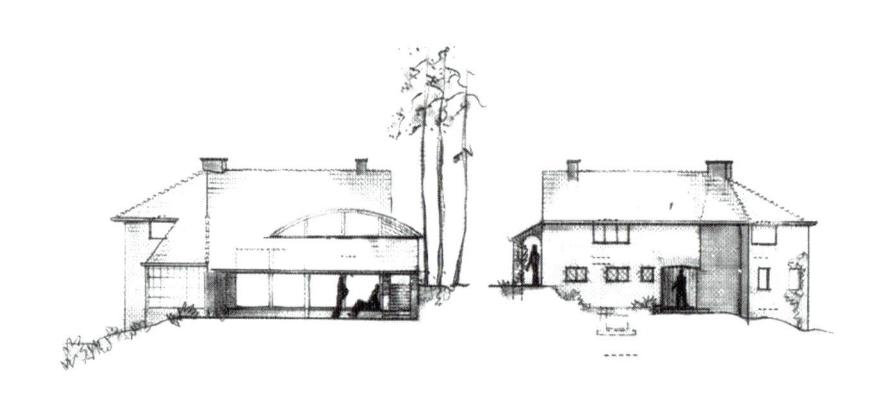

Manieristische Sticheleien an der Norm:

Abbildung oben links:
Kollision zwischen Wintergarten und Fensterbogen.

Abbildung oben rechts:
Fledermausgaupe mit Blindfeld

Abbildung unten links:
Eingangsseite mit Abwinklung des Hausvolumens am rechten Ende des Türbogens und den nach oben gedrängten Fenstern.

Abbildung unten rechts:
Durchgang zur Terrasse unter dem Blindfeld der Gaupe

31 Scharoun war die Rolle des „J'accuse" bereits aus der Modernen Epoche wohlvertraut, in der er sich gegen die Normierungen der geometrisch begründeten funktionalistischen Architektur zur Wehr setzte. Scharoun weigerte sich, Raum platonisch zu betrachten, sprich durch die Setzung von geometrischen Primärvolumina (Kubus, Zylinder, Pyramide) zu definieren und die menschlichen Aktivitäten dann nur noch darin „unter zu bringen". Zusammen mit Häring verfolgte Scharoun die Vorstellung, dass die Wohnvorgänge („Funktionen") durch ihre räumliche Verflechtung Raum überhaupt erst bilden. Das heißt, Scharoun war der Idee des Funktionalismus nicht abgeneigt. Im Gegenteil, er nahm für sich in Anspruch, den wahren, sprich organischen Funktionalismus, überhaupt erst zu begründen.

Alle diese wohlgesetzten „Ausrutscher" ergeben im Zusammenspiel eine architektonische Satire auf die zur Norm erhobene Heimatarchitektur der Nationalsozialisten – in gewisser Weise ein verzweifelter Reflex auf die Unmöglichkeit, sich dieser Reglementierung zu entziehen. Scharoun formuliert seinen Protest gegen die Herrschaft der Mittelmäßigkeit, indem er ihren Code simuliert und dadurch unterläuft. [31] Letztlich benutzt Scharoun die konventionelle Haube der Außenarchitektur als allumschließende Tarnkappe für seine eigentliche Architektur, die unter diesen politischen Bedingungen nur noch Innenarchitektur sein kann. Insofern hat man es beim Haus Möller mit zwei Häusern zu tun: einem äußeren und einem inneren Haus. Während das innere Haus aber auf der Eingangsseite so gut wie unsichtbar ist, scheint es auf der Gartenseite stellenweise durch das äußere Haus hindurch. Von der Terrasse ergeben sich deswegen mitunter atemberaubende Ansichten des Hauses, in denen sich seine verschiedenen räumlichen Realitäten komplex ineinander verschachteln: von diesem Standpunkt verschmilzt die in den Fenstern reflektierte Landschaft mit der begehbaren Skulptur des inneren Wohnbereichs zu einer bewohnbaren Landschaft, die sich über Innen- und Außenraum gleichermaßen erstreckt.

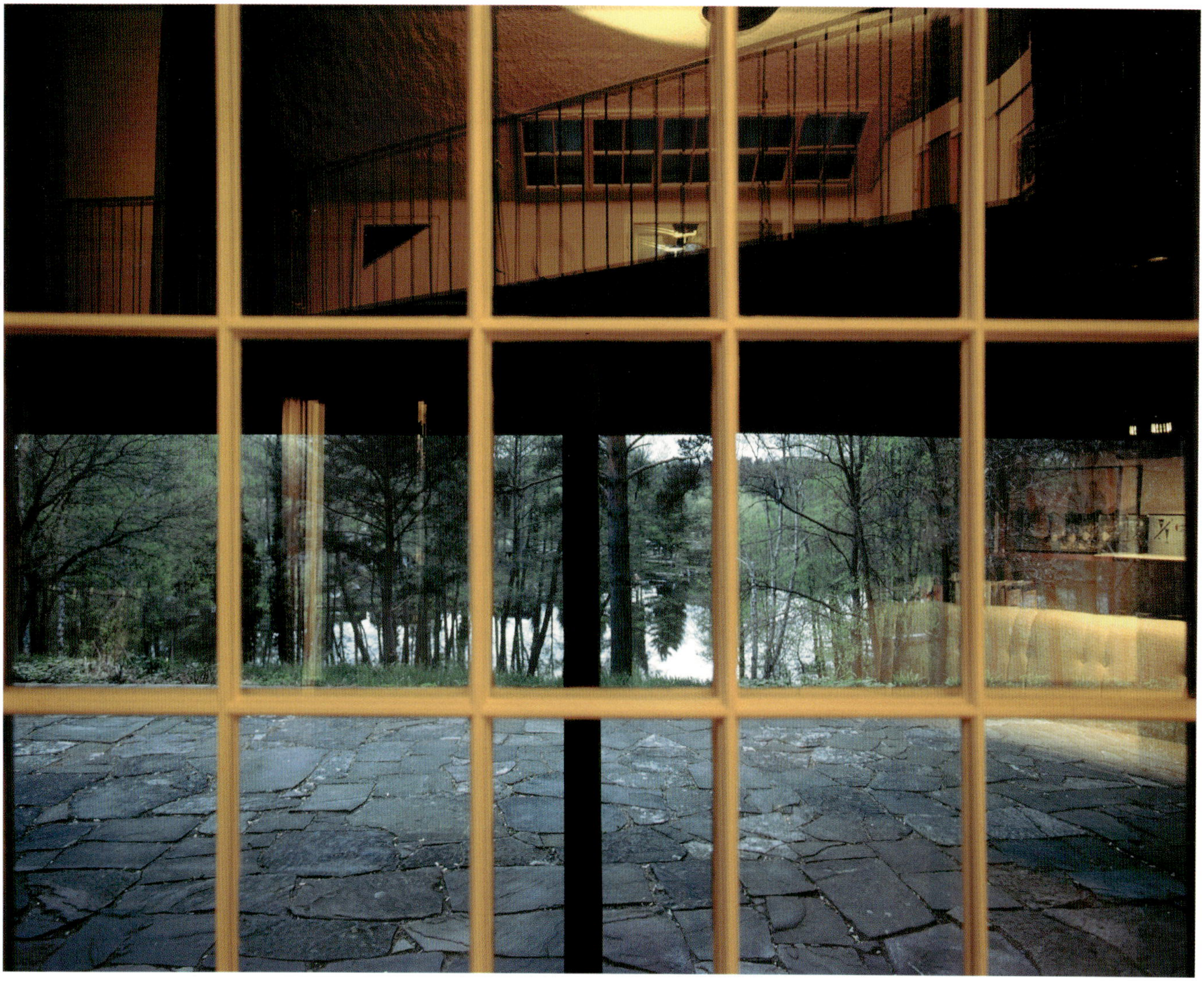

Multigenerationelle Rückzugsarchitektur

Haus Möller ist demnach ein Beispiel für eine kritische Architektur, die sich mit den politischen und gesellschaftlichen Bedingungen ihrer Zeit auseinandersetzt, anstatt vor ihnen zu fliehen. Es konturiert die emotionale Topografie einer bestimmten Epoche und verräumlicht in seiner Architektur das Daseinsgefühl und die mentale Lebenswelt seiner Bewohner. Dieser hohe Grad an historischer Authentizität macht einen Teil seiner architekturgeschichtlichen Bedeutung aus. Doch beschränkt sich seine Wirkung nicht auf die eines zeitgeschichtlichen Dokuments. Dass seine räumliche Konfiguration nicht nur für die ursprünglich geplanten Nutzung als Sommerhaus Bestand hat, beweist die lebhafte Nutzungsgeschichte des Hauses. Im Gegensatz zu den meisten berühmten Wohnhäusern der Moderne ist es nicht zu einem Museum geworden. Offenbar hat Scharoun mit seiner „Rückzugsarchitektur" ein grundsätzliches menschliches Bedürfnis erkannt, das nachfolgende Generationen auch in ganz unterschiedlichen gesellschaftlichen Bedingungen hier ausleben konnten. Die Menschen, die zu DDR-Zeiten hier ihre Betriebsferien verbrachten, werden Scharouns Architektur ihrer Lebenssituation entsprechend neu interpretiert haben: vor dem Hintergrund der mangelnden Reisefreiheit wird das Haus nun zu einem Vehikel für die Reise in ein inneres Arkadien, so wie sich die eingeräumte Innerlichkeit als perfekter Zufluchtsort vor der omnipräsenten staatlichen Überwachung eignet. Nach der deutschen Wiedervereinigung lebt das Haus nun bereits sein drittes Leben und spielt seine Qualitäten nun wiederum in einer neuen Weise aus. Als Gästehaus der Ferdinand-Möller-Stiftung dient es den Gästen und Freunden der Stiftung als ein temporärer Außer-Ort, der Gelegenheit bietet zu Gedankenaustausch und Reflexion. Auf diese Weise erneuert sich die Präsenz der Architektur in ihrer fortgesetzten Nutzung.

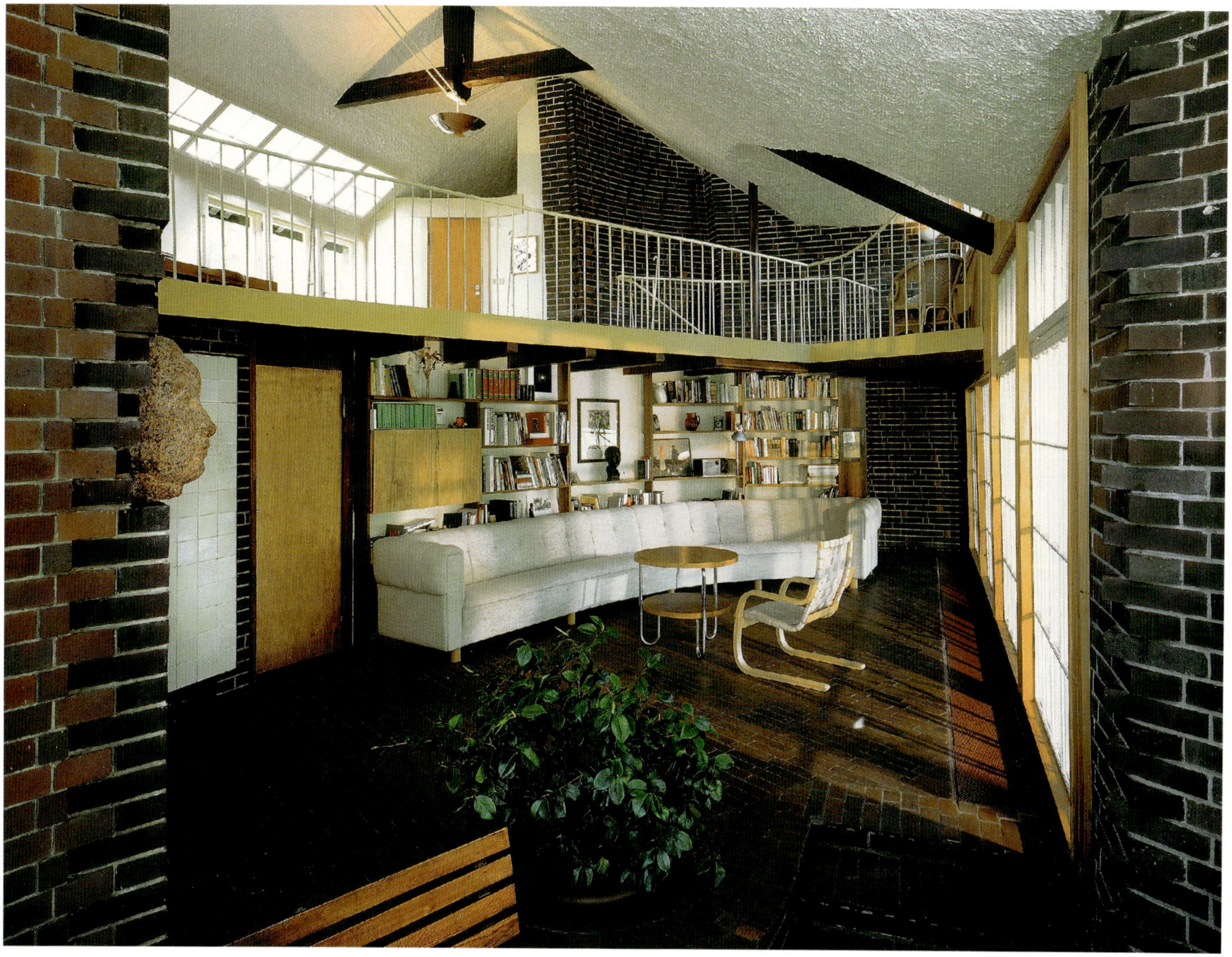

Abbildungsnachweis:
Uwe Walter Fotografie, Berlin: Umschlag, S. 9, 11, 12, 13, 23, 25, 28, 29, 31, 33, 36, 45, 46, 47, 50, 51, 52, 53, 59, 61 oben links u. unten links, 63, 65. Stiftung Archiv der Akademie der Künste, Berlin, Hans Scharoun-Archiv: S. 7 oben (Wv. 124/15, Fotograf: Alice Kerling), 10, 15 (Wv. 142), 21 oben (Wv. 128/10, Fotograf: Beate Maltusch-Mattern), 21 unten (Wv. 140/15, Fotograf: Dr. Erich Behen), 39 (Wv. 140/18, Wv 134/12), 42 (Wv. 134/17), 58 (Wv. 59/36), 60 (Wv. 142/1). Ferdinand-Möller-Stiftung, Berlin: S. 2, 4, 5, 16, 17, 19, 26, 27, 35 unten, 39 unten, 43, 54, 55. Zentralinstitut für Kunstgeschichte, München: S. 7 Mitte, 35 oben, 37. textbild, Köln: S. 61 rechts oben u. unten. VG Bild-Kunst Bonn 2004: S. 7 unten

Lithografie:
Uwe Walter Fotografie, Berlin und farbanalyse prepressagentur, Köln

Druck:
farbo print+media GmbH, Köln

Gestaltung: textbild, Köln

© 2004 Verlag der Buchhandlung Walther König, Köln und Ilka & Andreas Ruby / textbild

Hans Scharoun, Haus Möller, Schriftenreihe der Ferdinand-Möller-Stiftung, Verlag der Buchhandlung Walther König, Köln, 2004.

ISBN 3-88375-799-3

www.buchhandlung-walther-koenig.de
www.ferdinand-moeller-stiftung.de
www.textbild.com

Danksagung

Dieses Buch ist in erster Linie ein großes „Chapeau!" an Wolfgang Wittrock und Oskar Matzel für ihr bravouröses Unterfangen, das Haus Möller aus seinem Dornröschenschlaf erweckt und zu alter Schönheit zurückgeführt zu haben. Durch ihr großzügiges Engagement bei der Rekonstruktion des Hauses haben sie ein Baukunstwerk vor dem Verschwinden bewahrt, das sowohl für das Werk Scharouns als auch im Kontext der modernen Architektur insgesamt höchst aufschlussreich ist.

Desweiteren danken wir der Ferdinand-Möller-Stiftung für ihre finanzielle Unterstützung bei der Realisierung dieses Buches, Uwe Walter für seine einfühlsamen Fotografien dieses nur sehr schwer fotografierbaren Hauses und Gabriele Forberg-Schneider für ihre wohlwollend-kritische Lektüre des Manuskripts. Ein Dank geht auch an Familie Falkenberg sowie Helgard Teppner für ihre Gastfreundschaft und Unterstützung vor Ort. Ein besonderes Dankeschön geht an Christian Posthofen von der Buchhandlung Walther König, Köln, der nicht nur den Anstoß zu dieser Publikation gegeben hat, sondern mit seiner nachhaltigen Begeisterung auch ihre Realisierung entscheidend vorangetrieben hat. Darüberhinaus danken wir natürlich auch allen nicht weiter namentlich Genannten, die zum Gelingen des Buches mit beigetragen haben.

Ilka & Andreas Ruby